뇌가 자라는
초등 독서와 글쓰기

일러두기

- 아이들이 쓴 글은 맞춤법에 맞지 않더라도 그대로 실었습니다.
- 수록 도서 이미지는 해당 출판사의 허락을 받아 실었습니다. 확인되지 않은 도서는 추후 저작권이 확인되는 대로 적법한 절차를 진행하겠습니다. 수록 도서 정보는 부록에 따로 실었습니다.

뇌가 자라는
초등 독서와 글쓰기

지은이 오정남
펴낸이 임상진
펴낸곳 (주)넥서스

초판 1쇄 발행 2022년 7월 4일
초판 2쇄 발행 2022년 7월 11일

출판신고 1992년 4월 3일 제311-2002-2호
10880 경기도 파주시 지목로 5 (신촌동)
Tel (02)330-5500 Fax (02)330-5555

ISBN 979-11-6683-293-2 03370

www.nexusbook.com

뇌가 자라는
초등 독서와
글쓰기

오정남 지음

넥서스BOOKS

| 들어가며 |

내 아이의
평생 부모, 선생님, 친구가 되어 줄
독서와 글쓰기

아프리카의 깊고 깊은 정글에 꼬리가 긴 원숭이들이 살고 있었어요. 원숭이들은 날마다 긴 꼬리로 재주를 부리며 서로 자신의 꼬리를 자랑했어요. 원숭이 마을에서는 누구의 꼬리가 제일 길고 멋있는지, 누가 제일 신기한 재주를 부렸는지가 제일 중요했거든요. 모두에게 인정받은 원숭이는 맛있는 음식을 제일 먼저 먹을 수 있었으니까요.

달이 유난히 밝았던 어느 날, 원숭이 마을에 이상한 일이 생겼어요. 글쎄 꼬리가 짧은 원숭이가 태어났지 뭐예요. 그 원숭이는 어렸을 때부터 꼬리가 짧다는 이유로 놀림을 받거나 무시당하며 살아야 했어요. 그래서 꼬리 짧은 원숭이는 외톨이가 되어 하루 종일 커다란 바오밥 나무 아래서 턱을 괴고 생각에 잠겨 하루를 보냈어요.

1년에 딱 한 번, 원숭이들 중 가장 재주를 잘 부리는 원숭이를 서커스단에 데리고 가기 위해 원숭이 마을에 아주 특별한 손님이 와요. 원숭이들은 서로 서커스단원으로 뽑히기 위해 새벽부터 꼬리를 다듬고 그동안 훈련했던 꼬리 기술을 연습했어요. 하지만 꼬리 짧은 원숭이는 그런 모습들이 한심할 뿐이었어요. 그날도 여전히 바오밥 나무 아래 앉아 턱을 괴고 깊은 생각에 잠겼어요.

서커스 단장은 마을을 둘러보았어요. 갈수록 재주가 늘어나는 원숭이들을 보며 흐뭇한 마음이었지요. 그런데 그의 눈에 신기한 원숭이가 눈에 띄었어요. 커다란 바오밥 나무 아래 턱을 괴고 생각에 잠겨 있는 꼬리 짧은 원숭이를 발견한 거예요.

'아니! 저럴 수가! 원숭이가 인간처럼 생각에 잠겨 있다니!'

서커스 단장은 너무나 신기하여 가까이 가 보았어요. 생각에 잠겨 있던 꼬리 짧은 원숭이는 가끔씩 하늘을 올려다보며 한숨을 쉬기도 하고 고개도 절레절레 흔들며 깊은 고민에 빠진 듯 했어요. 서커스 단장은 다른 원숭이는 쳐다보지도 않고 꼬리 짧은 원숭이를 화려하게 장식한 차에 싣고 곧장 도시로 떠나 버렸어요.

도시로 떠난 꼬리 짧은 원숭이는 사람들에게 큰 사랑을 받았어요. 생각을 하는 원숭이는 사람들에게 많은 영감을 주었어요.

"원숭이도 생각을 하는데 우리도 생각 좀 하고 살아요!"

사람들은 생각하는 원숭이를 보며 모든 분야에서 생각에 생각을 더하려고 노력했어요. 그 결과 더 살기 좋은 도시가 되었답니다.

꼬리가 긴 원숭이들은 어떻게 되었을까요? 꼬리 짧은 원숭이의 소문을 들은 긴꼬리원숭이들은 자신들의 꼬리를 자르고 모두 바오밥 나무를 하나씩 차지한 다음 턱을 괴고 생각에 잠긴 원숭이들이 되었다고 해요.

이 이야기는 제가 20대 때 읽었던 책에서 발견한 이야기에요. 30년이 지났는데도 이렇게 기억하는 이유는 이 이야기를 아이들에게 자주 들려주었기 때문이에요. 우리 인간이 육체적으로 제일 나약함에도 불구하고 만물의 영장이 될 수 있었던 것은 바로 '생각'을 할 수 있었기 때문임을 강조하곤 했었지요. 우리는 몸이 자라듯이 생각이 함께 자라나야 하고 그러면서 책 읽기와 글쓰기를 왜 해야 하는지 아이들에게 이해시키려고 했던 것 같아요.

30여 년의 교사 생활을 해 오면서 독서와 글쓰기의 중요성에 대한 시각은 시대의 변화에도 아랑곳 하지 않고 한결 같았음을 느낍니다. 오히려 미래에 필요한 역량을 위해 요즈음 더 강조하고 있는 것이 독서와 글쓰기이지요. 저의 교직생활 동안 가장 역점을 두고 정성을 쏟았던 것이 독서와 글쓰기였기에 그동안의 경험이 바탕이 되어 이 책을 쓸 수 있었습니다.

아이들이 읽는 책도 몰라보게 발전하였습니다. 제가 아이들을 키우며 읽혔던 그림책, 동화책, 지식도서들에 비해 책의 질뿐만 아니라 다양한 구성과 내용들의 책이 아이들의 손길을 기다리고 있지요. 저는 도서관에 가서 책장에 꽂혀 있는 매력적인 책들을 볼 때마다 가슴이 두근거리고 오랜만에 님을 만난 듯 설렙니다. 그리고 이렇게 책으로 느끼는 행복감을 아이들과 나누고 싶어서 도서관에 데리고 가기도 하고, 한 아름 교실로 빌려와서 아이들을 꼬이기도 하지요.

하지만 아이들이 모두 제 맘과 같지는 않아요. 27명 중에서 선생님이 빌려 온 책에 관심을 가지고 진지하게 몰입해서 읽는 아이는 단 몇 명에 불과하지요. 그런데 그게 당연한 거랍니다. 왜냐하면 아이들에게 제일 관심 있는 것은 바로 '놀기!' 그것도 '마음껏 자유롭게 놀기!'이기 때문이지요. 사실 아이들에게 '놀기!'만큼 중요하고 교육적인 것은 없습니다. 아이들을 마음껏 자유롭게 놀게 하고 그 모습을 관찰해 보면 단박에 알 수 있어요. 아이들은 놀면서 엄청난 육체적, 정신적 에너지를 소모합니다. 우리가 책을 읽고 글을 쓰면서 키우고자 하는 '생각의 힘'이 '놀기'를 하면서 커지고 있기 때문이에요.

그러면 '놀기'를 하면서 자라는 생각의 힘과 책을 읽고 글을 쓰면서 자라는 생각의 힘에는 어떤 차이가 있을까요? 그 비밀은 바로 우리 뇌가 갖고 있어요. 뇌 연구자들은 책 읽는 뇌, 글 쓰는 뇌가 따로 있다고 주장하며, 책을 읽고 글을 쓸 때 우리 뇌를 구성하는 신경세포가 확장되고 통합되며 연결되어 고차원적 사고를 하는 인간으로 성장해 간다고 이야기합니다.

예를 들면 친구와 놀면서 나누는 대화는 일상적으로 쓰는 단어로 제한되어 있어요.

"오늘 학교 마치고 나하고 놀래?" "그래! 어디서?" 이런 식으로 말이지요. 책에 나오는 어휘들은 일상에서는 잘 쓰지 않지만 익혀 두면 감정이나 생각을 표현하거나 자신의 의견을 개진할 때 용이합니다. 또한 책에 나오는 문장들은 앞뒤 상황을 내포하고 있으며 주인공의 감정과 성격이 녹아 있어요. 책을 읽으며 반성적 사고와 유추를 하게 되면서 우리는 자연스럽게 의식을 성장시켜 나가게 되지요.

독서와 글쓰기의 중요성에 비해 갈수록 책을 읽고 글을 쓰게 하는 일이 어려워지고 있어요. 아이들의 일상이 바뀌었기 때문이지요. 학원에서 보내는 시간이 더 많아지고, 휴대폰은 아이들의 손에서 떼어내기 어려운, 더 재미있는 놀잇감이 되었어요. 아이들은 공부로 인한 스트레스를 호소하고 이에 더해 책을 읽고 글을 쓰는 일이 스트레스를 가중시킨다면 아무리 중요하다고 한들 아이들의 등을 떠밀기는 어려운 일이에요.

문제는 어떻게 하면 아이들이 책을 즐겨 읽고 글을 부담 없이 쓸 수 있는가 하는 구체적인 방법과 전략들이겠지요. 그래서 저는 최대한 현실적인 전략들을 이 책에 담으려고 노력했어요. 아무리 영양가 있는 음식이라도 아이가 거부한다면 먹일 수 없지요. 그래서 우리는 야채를 잘게 썰어서 볶음밥을 만들기도 하고 김밥을 모양내어 만들어서 어떻게든 먹이려고 합니다. 독서와 글쓰기도 이와 같은 지혜로운 전략이 필요합니다. 아이가 싫어한다고 힘들어한다고 멀리한다고 포기하지 마시고 내 아이에게 맞는 전략을 찾아서 이렇게도 해 보고 저렇게도 해 보았으면 합니다. 볶음밥과 김밥처럼요.

아이도 자라면 나와 같은 어른이 됩니다. 내 자식이 하나의 독립된 존재로서 세상을 살아갈 때 우리 어른들이 해 줄 수 있는 것은 많지 않습니다. 스스로 판단하고 선택하고 때로는 이겨나가야 하지요. 책은, 글쓰기는 다 자란 내 아이에게 부모를 대신해 주고 선생님을 대신해 줄 든든한 친구이자 나침반이자 등대가 되어 줄 것입니다.

이 세상의 모든 이가 평생 독서가가 되기를 꿈꾸며!

2022년 여름

오정남

1부

머릿속 비밀에서 출발하는
독서와 글쓰기

1장

독서 전 필수코스, 강점 지능 찾기

"개미, 나비, 사슴벌레는 모두 곤충이지요. 그런데 거미는 곤충이 아니에요. 그 이유를 아는 사람?"

민철이는 질문을 던지기 무섭게 제일 먼저 손을 듭니다. 제일 먼저 손들었는데 안 시켜주면 오해를 살 수 있어요. 선생님이 내리는 순간의 판단과 선택이 아이들의 신뢰를 좌우하거든요.

"그래, 말해 보세요."

"거미는 디리기 8개리서 그래요. 곤충은 다리가 6개기든요. 선생님! 무당벌레도 곤충이에요?"

아이들과 거미를 봤던 경험을 비롯해 다양한 이야기를 주고받은 뒤에 거미에 대한 영상을 보여 줍니다. 그리고 본 것, 들은 것, 보면서 느낀 것들을 글똥누기* 공책에 마음껏 적어 보라고 했습니다. 그런데 어찌된 일인지 다른 아이들에 비해 민철이가 쓴 글의 내용이 빈약합니다. 다른 아이들은 한 바닥을 채우고도 시간이 부족하다고 하는데 말이지요. 민철이는 평소 생각이 기발하고 창의적이어서 모둠 활동할 때 주도적인 아이예요. 하지만 교과서에 수록된 이야기를 읽고 내용을 파악해서 적을 때는 성의 없이 대충 하고 말아요.

민철이와 반대로 준범이는 새로운 아이디어를 제시하거나 주도적이지는 않지만 좋은 글을 예로 들 때, 종종 준범이가 쓴 글을 아이들에게 읽어 줄 만큼 충실한 글을 씁니다. 민철이와 준범이를 딱 반반씩 섞으면 완벽하겠다는 생각이 들 정도예요. 아이들의 이와 같은 차이는 어디에서 비롯되는 것일까요?

학습이나 감정 조절은 '뇌'의 작용과 연결해서 이해할 필요가 있습니다. 뇌에 관한 과학적인 연구 성과들은 교육에 시사하는 바가 매우 큽니다. 배움이 곧 뇌의 변화를 가져오니 좋은 가르침이란 결국 뇌의 변화를 가져오도록 의미 있는 교육환경을 마련하는 것이지요.

우리는 흔히 공부 잘하는 아이를 보고 머리가 좋다고 합니다. 지

* 매일 똥을 누듯이 한두 줄이라도 매일 글을 쓰는 것을 말합니다.

능 발달 정도를 나타내는 검사 결과에서 보이는 수치를 지능 지수 IQ라고 하는데 머리가 좋다는 말은 바로 IQ가 높다는 뜻이지요. 실제로 IQ가 높게 나타난 사람들의 학업 성취도가 높고 특히 어려운 수리 영역에서 뛰어난 능력을 보였습니다. 당연히 좋은 대학이나 연봉이 높은 직장에 갈 확률이 높겠지요. 하지만 우리 사회가 점점 행복과 성공 등 삶의 질에 대한 관점이 성숙해지면서 지능 지수의 한계점을 인식하게 되었고 감정적 지능지수인 EQ, 글로벌 지수 GQ, 디지털 지수 DQ 등 지능을 측정하고자 하는 다양한 방법들을 시도해 왔습니다.

30년이 넘는 긴 시간 교직에 있다 보니 사람의 능력을 판단하는 기준과 성공에 대한 관점이 변화하는 것을 몸으로 느끼며 살아왔습니다. 예를 들어 20여 년 전만 하더라도 학교 공부에서 전 과목을 모두 잘하는 것이 중요했어요. 지필 평가 하나로 아이의 모든 것을 평가했습니다. 음악, 미술, 체육도 지필 평가를 했으니까요. 지금은 어떤가요? 공부 잘하는 아이를 보며 우리는 공부가 여러 재능 중 하나라고 생각하는 시대에 살고 있습니다. 운동을 잘하고, 피아노를 잘 치고, 만들기를 잘하듯이 수학 과목을 잘하는 아이구나, 하고 말이지요. 지금 우리 반 아이들을 보면 20년 전의 아이들보다 더 다양하고 뚜렷한 개성과 재능, 취향을 가졌다는 걸 느낍니다. 그리고 언어, 수리 능력이나 미술과 관련된 만들기와 그리기, 음악과

다중지능 이론의 8가지 지능

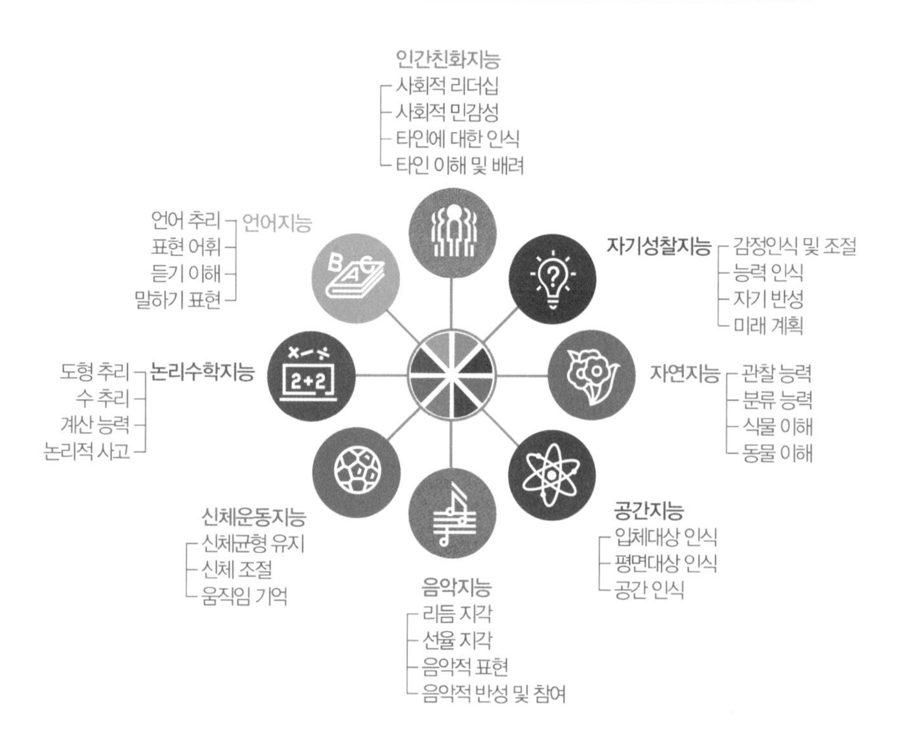

관련된 노래와 악기 연주, 체육과 관련된 축구 등에서 보이는 능력만이 아니라 다른 아이들보다 높은 친화력, 봉사정신 또한 그 아이의 특별한 능력으로 인정하고 평가하고 있는 것이 오늘날의 교실입니다.

하버드 대학의 하워드 가너드Howard Gardner 교수는 이렇게 아이마다 다양하게 나타나는 능력이 모두 지능이라는 다중지능 이론을 개발했습니다. 다중지능 이론에서 말하는 지능이란 '문제를 해결하고 가치 있는 결과물을 만들어 낼 수 있는 지능'을 말합니다. 가드너는 8가지 지능을 제시하는데 언어 지능, 논리수학 지능, 음악 지능, 대인 지능, 신체운동 지능, 공간 지능, 자기이해 지능, 자연친화 지능입니다(18쪽 그림 참고).

교실에서 다양한 아이들을 만나는 저로서는 다중지능을 인정할 수밖에 없습니다. 아이들은 저마다 가진 능력과 개성으로 학교에 와서 선생님과 친구들을 만나고 다양한 학습 상황과 문제 상황에 맞닥뜨립니다. 그때그때의 상황에서 어떤 아이는 이런 능력을, 어떤 아이는 저런 능력을 발휘합니다. 선생님 말을 차분하게 듣는 태도는 부족하지만 결과물에는 창의성이 넘치는 아이, 수학 문제 풀이는 약하지만 쉬는 시간이면 친구들에게 둘러싸이는 인기가 많은 아이, 성적은 높지 않지만 아이돌 춤은 기가 막히게 추는 아이, 축구는 못하지만 독서량은 엄청난 아이 등 어떤 능력 하나는 내세울 것이 있는 아이들입니다.

가드너는 아이마다 가진 강점 지능을 존중하고 개발하는 것이 중요하며 또한 약한 부분을 개발하여 전인적 인간으로 키우는 것이 가장 이상적이라고 보았습니다.《아이의 10년 후는 다중지능이 결정한다》(밀리언하우스)의 저자 정효경 박사는 8가지 지능 중에서 싫어도 꼭 개발시켜야 하는 지능 4가지를 제시했는데요. 대인관계 지능, 자기이해 지능, 논리 지능, 언어 지능이 그것입니다. 이 4가지 지능은 학교를 떠나 세상으로 나갔을 때 독립적이고 주체적으로 살아가는 데 꼭 필요한 지능이 아닐까 합니다. 특히 자기이해 지능은 자기성찰 지능이라고도 하는데 자기의 감정이나 행동 방식, 욕구 등을 이해하고 다루는 능력으로, 자기이해 지능이 높은 사람은 자존감이 높고 긍정적이며 문제가 생겼을 때 스스로 잘 헤쳐 나가지요. 자기이해 지능은 다른 지능을 받쳐주는 받침대 역할이 되어 각 개인의 능력을 최대한 발휘하도록 해 줄 것입니다.

우리가 책을 읽고 글을 쓰면 이 지능을 계발할 수 있습니다. 아이가 책을 읽으면 마음속에 심상이 떠오르기도 하고 주인공의 행동이나 말에 대해 자신의 생각이나 느낌을 갖게 됩니다. 또한 '내가 주인공이었다면 어땠을까? 이야기가 이렇게 끝났으면 좋았을 텐데…'와 같은 상상력을 불러일으키기도 하지요. 책을 읽으며, 또 읽고 난 후에 생기는 모든 사고 과정이 바로 '나'를 비추는 거울 같은 작용을 합니다. 아이들이 자랄 때 자신을 돌아보게 하는 경험은 몇 되지 않습니다. 책 읽기보다 자기 성찰에 더 효과적인 것은 글쓰기입니다. 일기를 쓰는 목적 가운데 가장 중요한 것이 바로 하루를 되돌아보며 그날 겪었던 일을 통해 스스로를 돌아보고 성찰하여 참 삶을 가꿔 나가는 것이지요.

아이들 각자 타고난 강점 지능을 키우려면 자기이해 지능이 높아야 합니다. 자기이해 지능이 높은 아이는 자존감이 높고 긍정적이며 또래 아이들에 비해 어른스럽습니다. 어른스럽다는 건 떼를 쓰거나 쉽게 감정에 호소하지 않고 잘 견디며 참아내고 상대방을 배려한다는 말이지요. 아이의 자기이해 지능은 책 읽기와 글쓰기 이전에 따뜻하고 편안한 가정환경이 뒷받침되어야 합니다. 책 읽기와 글쓰기는 그다음 순서입니다.

☑ 감성지능(EQ)을 높이는 독서

"당신의 감정은 삶이라고 불리는 모험 속에서 당신을 인도해 줄 수 있는 나침반입니다. 그리고 이 나침반 하나면 충분합니다."

《우주 조각가》(나비랑북스)에서 틸 스캇은 인간에게 감정이라는 것이 얼마나 중요한지를 말하고 있습니다. 그녀가 지적한 대로 우리 인간들은 감정을 무슨 전염병인 양 위협적인 존재로 보거나 감정이 자신을 나약하게 만든다고 생각하며 살아가기도 하는데요. 그래서 때로는 자신의 감정을 숨기기도 하고 포장하기도 하면서 군중 속의 외로운 존재가 되는 경험을 하기도 하지요. 자신의 감정을 잘 알아채지 못하거나 감정에 솔직하지 못한 사람은 다른 사람의 감정을 받아들이는 데도 인색하기 때문에 인간관계에 어려움을 겪기 쉽습니다.

오은영 박사는 한 방송 프로그램에서 '행복'을 '가까운 사람과 그럭저럭 잘 사는 것'이라고 정의했어요. 공감능력이 낮아 인간관계에 어려움을 겪는 사람은 행복한 삶을 꾸릴 수 없겠지요.

긍정정인 감정은 사람을 행복하게 만듭니다. 감정은 무엇이든 이루고 싶어 하는 소망의 근거이며 행동의 강력한 동기가 되어 주지요. 다니엘 골먼Daniel Goleman은 그의 책《감성지능》(비전코리아)에서 지능지수IQ의 한계점을 지적하고, 감성지능Emotional Intelligence이야말로 현대사회에서 필수적인 지능임을 설파하며 감정적 지능지수인 EQ(감성지수)를 개발시켜 주어야 한다고 했습니다.

다니엘 골먼은 감성지능이 높은 사람은 자신을 스스로 통제할 수 있으며 열정을 가지고 임하며 인내력을 동원하여 전념하며 타인과 자신에게 동기를 부여하여 절망적인 상황에서도 의욕을 잃지 않으며 만족 지연 능력이 있고 항상 희망을 가지고 살아간다고 합니다.

열린 사회, 다원 사회, 디지털 사회, 글로벌 사회 등으로 불리는 현대 사회에서의 행복과 성공은 감성지능을 필요로 합니다. 이세돌과 알파고의 대결에서 우리는 이를 교훈 삼아 앞으로 미래를 이끌어갈 우리 아이들에게 올바른 감성지능을 키워주어야 합니다. 미래 사회는 지식을 비틀고 새롭게 생각하여 융합하고 창조해 내는 사람을 필요로 합니다. 감성을 가진 리더, 소통을 통해 더 많은 가치를 창출해 내는 공감 능력이 뛰어난 사람이 성공하는 사회가 바로 미래 사회인 것이지요.

《감성지능 코칭법》(넥서스BIZ)의 공동저자인 트래비스 브래드베리도 직장인을 대상으로 한 연구를 통해 직무 성과가 뛰어난 사람 중 90%가 EQ도 높다는 사실을 발견했어요. 그리고 성공을 하고 싶다면, 성공한 삶을 바탕으로 만족감을 얻고 싶다면 EQ 기술을 극대화하는 방법을 배워야 한다고 말합니다. 그는 〈타임지〉에 'EQ가 높은 사람들의 10가지 특징'을 소개했는데 이 자료를 보면서 자녀의 EQ 정도를 가늠해 보세요.

EQ가 높은 사람의 10가지 특징
① 자신의 감정을 구체적으로 표현할 수 있다.
② 주변 사람들에 대해 호기심이 많다.
③ 변화를 잘 받아들인다.
④ 자신의 장점과 단점을 안다.
⑤ 다른 이의 생각을 읽을 수 있다.
⑥ 지나간 실수에 미련을 갖지 않는다.
⑦ 까다로운 사람을 상대할 줄 안다.
⑧ 완벽을 추구하지 않는다.
⑨ 가진 것에 감사한다.
⑩ 충분히 잔다.

위의 10가지 특징은 아이의 가정환경과 긴밀한 연관성이 있습니다. 결국 EQ의 열쇠는 부모에게 있는 것이지요. 어릴 때부터 자신의 감정을 솔직하게 표현하고 칭찬과 격려로 피드백 받은 아이들은 그렇지 않은 아이들에 비해 감성이 풍부하고 능동적이며 항상 잘 웃고 자신감 있으며 다른 사람을 사랑하고 배려할 줄 압니다. 이렇게 EQ가 높은 아이를 키우는 부모는 비교적 수월하다고 느낄 수 있습니다. 아이가 스스로 공부하며 책을 많이 읽는 편이에요. 교우관계도 활발하며 모든 아이가 좋아하고 자연스럽게 그의 리더십을 수용하지요. EQ가 높은 아이는 긍정의 힘이 강하며 무엇이든 낙천적인 관점으로 자신의 일을 처리하고 훌륭히 해냅니다. 이렇듯 아이의 감정을 있는 그대로 수용하고 존중하는 것은 부모가 아이에게 물려주는 최고의 유산이며 행복한 삶으로 향하도록 이끄는 나침반이 되어 줍니다.

공부를 아주 잘하는 4학년 아이가 있었어요. 늘 1등을 하며 친구들과도 잘 어울리고 책도 많이 읽고 발표도 잘하는 그야말로 모범생이었지요. 그런데 하루는 그 아이의 일기장을 보고 충격을 받았습니다. 자신을 끊임없이 공부하라고 밀어붙이고 가기 싫은 학원을 억지로 보내는 엄마가 너무 밉고 엄마한테 자주 화가 나고 어떨 때는 죽이고 싶다는 내용이었어요. 걱정이 되어 엄마한테 일기장을 보여주며 상담을 했더니 오래전부터 아이와 갈등이 있어 아이가 힘들어 한다는 것을 알고 있었어요. 그런데 엄마는 어쩔 수 없다고 했어요. 아이의 미래를 위해 꼭 필요한 학원들이며, 이 정도가 힘들다고 그만둔다면 나중에 경쟁 사회에서 어떻게 살아남겠으며 무슨 일을 할 수 있겠느냐는 것이었어요. 엄마의 관점과 고집에 아이의 감정은 미래에 저당 잡혀 철저히 무시되고 있었습니다.

요즘 같은 경쟁사회에서 학년이 올라갈수록 내 아이가 뒤쳐질까 두려운 부모들은 아이가 좋아하는 것보다 학원에 보내거나 과외를 받는 데 시간을 투자하도록 합니다. 그런데 과연 아이의 미래가 성적으로만 좌우되는 걸까요? 우리는 아이의 미래가 성적으로만 좌우되는 것이 아니라는 점을 자각하는 훈련이 필요합니다.

역사적으로 인류의 의식 성장과 과학 기술의 발전이라는 선한 영향력을 발휘한 위인들의 공통점은 책을 많이 읽었다는 것입니다. 책을 많이 읽으면 감성지능이 높아지고 감성지능이 높은 사람은 그렇지 않은 사람보다 더 행복하고 성공적인 삶을 영위할 수 있습니다.

지능지수IQ와 달리 감성지수EQ는 수치화되어 있지 않기 때문에 부모의 관찰과 관심이 필요합니다. 자신의 기분을 자각하고 존중하는 능력, 충동을 자제하고 불안이나 분노를 조절하는 능력, 실패했을 때 쉽게 극복하는 능력, 공감능력, 다른 사람과 서로 협력할 수 있는 능력들이 성장 과정에서 내면화되도록 책으로 감정을 나누며 대화하는 시간을 가져야 합니다.

유대인은 전 인구가 1500만, 세계 인구의 0.25%밖에 안 되는 민족입니다. 이처럼 인구 수가 적은 민족이 노벨상의 30%, 미국 억만장자의 40%, 아이비리그 교수진의 40% 이상을 차지하고 있다고 해요. 이런 결과는 유대인의 '가정교육'에서 비롯됩니다. 유대인의 가정교육에는 모세5경을 기록한 책인 토라Torah, 토라에 대한 여러 학자의 해석과 논쟁을 기록한 탈무드Talmud, 그리고 '아버지'가 중심에 있습니다. 유대인 가정에는 '베갯머리 이야기bed time story'라는 전통교육방식이 있는데요. 이것은 아버지가 아무리 바쁘더라도 자녀의 베갯머리에서 책을 읽어 주는 것을 말합니다. 잠들기 전 아이와 그날 일어났던 이야기를 나누기도 하고 낮에 야단 친 일이 있었다면 위로하고 토닥여 주기도 하며 책을 읽으며 서로 질문하고 답하며 꼬리에 꼬리를 무는 대화를 나눈다고 해요. 이런 전통은 아이에게 풍부한 상상력과 표현력, 자신의 감정에 대한 소중함과 강렬한 꿈에 대한 동기를 심어 주며 자녀의 무한한 가능성과 잠재력이 발휘되도록 합니다.

바쁜 직장생활과 지친 육아로 유대인의 교육방식은 우리에게 그림의 떡같이 비춰질 수 있습니다. 그렇지만 내 아이의 감성지능을 조금이라도 높이고 싶다면 일주일에 책 한 권을 가지고 아이와 질문하고 대답하면서 언제 끝날지 모르는 대화를 해 보는 것은 어떨까요? 아이의 어린 시절은 다시 오지 않습니다.

아이가 저학년이라면 《누가 내 머리에 똥쌌어?》(사계절)를 추천합니다. 아이의 호기심을 자극하면서 익살스러운 의성어로 즐거운 감성을 경험하게 해 줄 거예요. 감정 표현이 서툰 아이라면 모리스 샌닥의 《괴물들이 사는 나라》(시공주니어)를 함께 읽어 보세요. 백희나의 《알사탕》(책읽는곰)은 다른 사람의 마음에 귀를 기울이는 계기가 될 수 있어요. 《마법의 설탕 두 조각》(소년한길)은 엄마와의 대화에 물꼬를 터 줄 것입니다.

우리 어른들은 하루하루 참 바쁘게 살아가고 있지요. 바쁜 것은 사실이지만 자세히 들여다보면 바쁜 것을 핑계 삼아 육아의 의무에서 도망치듯 하는 일도 많은 것 같아요. 그래서 우리 아이들과 감정적으로 교류하는 시간은 맨 뒷전으로 미뤄지기도 하지요.

부모와의 대화 없이 자라 부모가 된 세대는 아이와의 감정적 교류가 오가는 대화시간이 더욱 부담스러울 수 있습니다. "숙제는 했니?", "책 좀 봐라!"는 말로 아이와의 대화를 회피하고 텔레비전으로 출구를 찾는 부모가 많은 것 같아요. 유대인의 교육을 타산지석 삼아 아이와의 충분한 대화를 통해 아이의 감정을 알아채고 존중해 주고 이해해 주는 시간은 아이의 감성지능을 높이는 데 꼭 필요합니다.

중학년이라면 '키라의 감정학교 시리즈'를 추천합니다. 주인공 키라가 느끼는 감정을 함께 느끼며 그 감정을 어떻게 해소해 나가는지 간접적으로 배울 수 있는 책입니다. 이 시리즈는《화가 나!》《무서워!》《슬퍼!》《부끄러워!》《행복해!》로 구성되어 있습니다.

고학년이라면《몽실언니》(권정생, 창비)나《모모》(미하엘 엔데, 비룡소)《푸른 사자 와니니》(이현, 창비)와 같은 책을 읽고 아이와 좀 더 깊은 대화를 나눠 보는 것이 좋습니다. 책에서 느꼈던 감동을 함께 나누며 주인공에 대한 생각이나 느낌을 주고받는 일은 청소년기를 맞이하는 아이들의 감성지능을 키우는 가장 좋은 방법일 것입니다.

어쩌면 아이의 감성지능에 맞는 책은 바로 부모 자신이라는 생각이 듭니다. 부모와의 대화, 부모의 따뜻한 시선, 친구와 있었던 이야기를 주고받으며 오고 가는 감정에 대한 이해와 공감, 사랑, 기쁨, 행복이 다 들어 있는 그 순간이 바로 내 아이에게 가장 맞는 책이 아닐까요?

2장

모든 것은 감정에서 시작된다

시끌벅적했던 쉬는 시간이 끝나고 2학년 즐거운 생활 시간이 되었습니다. 1, 2학년은 즐거운 생활, 슬기로운 생활, 바른 생활을 한데 묶어 통합교과로 운영하는데 교과서가 봄, 여름, 가을, 겨울로 나뉘어 각 계절에 맞는 다양한 수업을 하도록 구성되어 있습니다. 그리기, 만들기, 놀기, 노래 부르기 등 놀면서 배우는 시간이랄까요. 저학년의 발달 수준과 잘 맞아 아이들이 참 좋아하는 시간입니다.

오늘은 가족 구성원을 막대 인형으로 만들고 역할놀이를 하는 시간, 아이들이 벌써 기대에 차서 선생님의 설명에 주의를 기울입니다. 설명이 끝나자 아이들은 저마다 가족의 모습을 그리고 색칠

하고 오린 다음 막대에 붙여서 완성해 나갑니다. 그런데 평소에 즐거운 생활을 너무나 좋아하는 수빈이가 아무것도 하지 않고 엎드려 있기에 가까이 가서 물으니, 쉬는 시간에 친구와 놀다가 감정이 상했나 봅니다. 친구가 사과했는데도 풀리지 않는지 얼굴이 울상입니다. 언제나 쾌활하고 적극적이었던 아이가 그러니 더 신경이 쓰여 아이를 달래 봅니다.

"희진이가 사과했는데도 마음이 아직 안 풀렸어? 역할놀이 하려면 이거 만들어야 하는데 어떡하지?"

다정하게 위로하고 달래 주는데도 쉽게 풀릴 마음이 아닌 듯합니다.

"오늘 만들기 안 하고 싶어?"

고개를 끄덕이며 다시 책상에 엎드리는 수빈이의 선택을 존중해, 이번 시간에는 쉬라고 했습니다.

하기 싫은 것도 참고 할 줄 알아야 하는데 잘 참지 못한다고 판단해 교육 차원에서 억지로 하도록 이끌 수도 있겠지만 그럴 경우 교사에 대한 신뢰를 잃고 관계가 안 좋아질 수 있습니다. 그렇게 되면 2학년 때 아이가 발휘할 수 있는 역량을 맘껏 펼치지 못할 가능성이 큽니다. 수빈이가 좋아하는 만들기도 감정이 상할 때는 하기 싫고 의미가 없듯이 아이가 겪는 모든 경험의 기저에는 감정이 자리 잡고 있습니다. 운동도 놀이도 학습도 그리고 책 읽기와 글쓰기

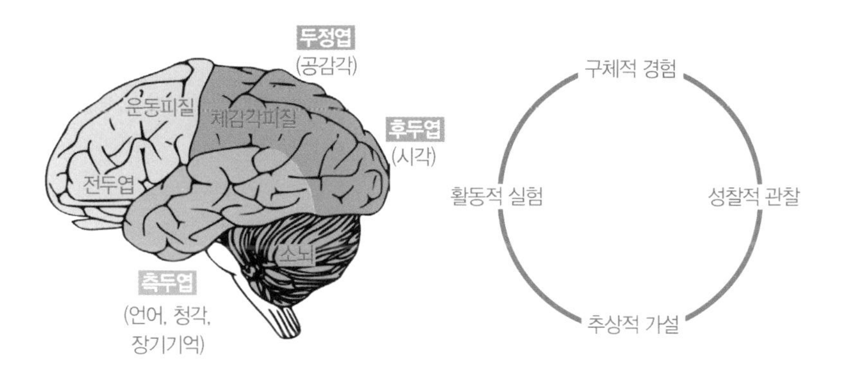

도 감정에서 시작합니다.

학습 컨설턴트 레나트 N. 케인과 조프리 케인은《뇌가 배우는 대로 가르치기》(한국뇌기반교육연구소)에서 감정의 역할에 대해 강조를 하고 있는데요. 아이들은 감정이 모든 행동에 강력하게 영향을 미치며 감정이 지적 이해력보다 발달속도가 빠르고, 대다수의 아이가 감정에 대한 통제력이 낮기 때문에 학생의 감정을 잘 고려하고 보호하는 것이 중요하다고 했습니다.

생화학 연구자 제임스 E. 줄은 오랫동안 데이비드 콜브와 함께 인간의 학습에 대해 연구해 왔습니다. 그는 저서《뇌를 변화시키면 공부가 즐겁다》(돋을새김)에서 아주 흥미로운 이론을 펼쳤는데요.

바로 콜브가 제안한 학습 사이클이 대뇌의 구조와 일치한다는 이론이에요. 앞 페이지의 오른쪽 그림은 콜브의 학습 사이클을 단순화 시킨 그림이고, 왼쪽 그림은 대뇌의 세 기능인 감각, 통합, 운동을 나타낸 그림입니다.

콜브의 학습 사이클이 대뇌와 어떻게 연관되는지 그림으로 다시 살펴볼까요.

대뇌와 학습 사이클의 연관성

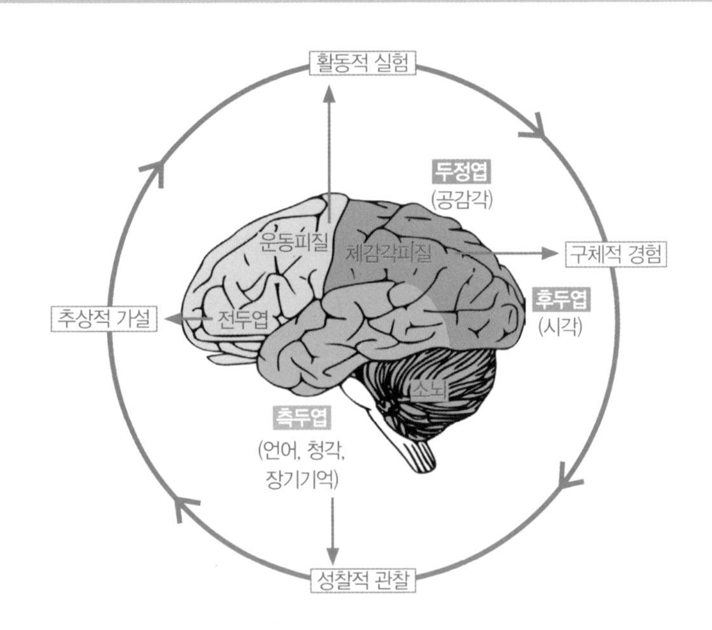

우리의 구체적 경험은 감각과 관련된 피질에 전해지고, 측두엽에서는 그 경험을 통합하고 이해합니다. 전두엽에서는 새로운 추상적 개념을 만들어 내며 운동피질에서는 여러 활동들이 이루어지면서 새로운 경험을 하게 되고 뇌에 다시 감각이 입력됩니다. 대뇌가 우리 뇌의 감정센터와 강력하게 연결되어 있다면 학습이 이루어지는 과정에서도 감정이 크게 영향을 미친다는 것을 알 수 있습니다.

공포와 쾌락이라는 감정센터는 우리 인간이 지구에서 생존할 수 있는 무기가 되어 주었죠. 공포는 '나는 저것을 원하지 않아!'라는 욕구를, 쾌락은 '나는 저것을 원해!'라는 욕구를 의미합니다. 공포와 쾌락 체계는 다양한 경험과 학습을 통해 생존에 더 유리한 쪽을 선택하면서 인간의 삶을 구현하는 바탕이 되어 왔습니다.

우리가 아이들에게 "책 읽어라!" "글쓰기를 하자!"라고 말했을 때 편도체의 공포 체계에서 '이것은 나에게 중요하지 않아! 이것은 지루해서 하기 싫어!'라는 감정이 생겼다면 독서와 글쓰기를 통한 학습 효과는 기대하기 어렵습니다. 하지만 다행히 아이들의 뇌는 감정센터의 영향만 받는 포유류의 뇌가 아니라 포유류이면서 영장류인 인간의 뇌입니다. 사고하고 통제하며 성찰하고 통합하며 이해하는 존재죠.

아이들의 부정적 감정센터에 책 읽기와 글쓰기가 포함되어 있다면 어떻게 해야 할까요? 독서와 글쓰기가 아이들이 살아가는 데 참으로 유익한 도구라는 것을 잘 알기에 우리는 아이들에게 강조하지만 아이들은 노는 걸 더 좋아하죠. 그래서 무조건 책 읽기와 글쓰기를 강요하기보다는 아이들에게 왜 그것이 중요한 것인지를 이해시키는 과정이 필요합니다.

나에게 중요한 것을 뇌는 좋아합니다. 나에게 좋은 것, 중요한 것이라 긍정적인 감정이 드는 곳, 바로 기저핵이 작동하기 때문이지요. 책을 한 권 읽을 때마다 장난감을 사 준다고 해도 기저핵에 불이 들어오겠지만 그것은 뇌를 잠시 속일 뿐 결코 좋은 방법일 수 없습니다. 저는 교실에서 책 읽기와 글쓰기의 중요성을 아이들의 경험과 관련지어 피력할 때가 많습니다. 예를 들어 아이들이 실수를 했을 때 "그럴 때는 이렇게 행동해야 다른 사람에게 피해를 주지 않고 문제를 잘 해결할 수 있겠지"라고 하면서 좋은 판단을 하고 행동할 수 있으려면 생각하는 힘이 자라야 하고 그러기 위해 책을 읽고 글쓰기를 하는 것이라고 말이죠.

아이들이 처음에는 책 읽기와 글쓰기를 하기 싫어하더라도 꾸준히 해서 습관이 되면 부정적인 감정이 많이 줄어들고 오히려 즐기게 되는 모습을 볼 수 있습니다. 노는 것보다 책 읽는 게 더 좋다는 아이도 분명히 있습니다. 글똥누기를 할 때 시간을 더 달라며 조르기도 하고요. 이러한 현상도 뇌의 특성에서 기인합니다. 책을 읽고 글을 쓰는 사고 과정에 몰두하면 편도체의 활동, 즉 부정적인 감정이 줄어든다고 합니다. 우리가 퍼즐을 맞추거나 십자말풀이에 집중하거나 책 읽느라 밤을 새며 몰입할 때 바로 그 순간을 뇌가 좋아한다는 말이지요. 아이들이 무조건 노는 것만 좋아하는 것이 아니라 배움도 즐긴다는 사실은 아이를 키우는 부모와 교사에게 반가운 소식이 아닐 수 없습니다.

앞서 언급한 책 《뇌를 변화시키면 공부가 즐겁다》에서 제임스 E. 줄은 학습이 이루어지려면 나에게 중요하다는 것을 납득시키는 기술이 필요하며, 그것을 깨달을 수 있도록 충분한 경험과 시간이 주어져야 한다고 했습니다. 책읽기와 글쓰기를 할 때 아이가 '이것은 나에게 중요해!' '내가 해냈어!'와 같은 생각과 경험을 하도록 만드는 전략이 필요합니다. 어른들이 중요하다고 생각하는 가치를 아이들에게 학습시키고자 할 때 그게 무엇이든 좀 더 지혜로운 기술과 전략을 사용하면 우리 아이들은 더 많은 것을 행복하게 배워갈 수 있을 것입니다.

뇌를 춤추게 하는 독서와 글쓰기

2학년 1학기 통합교과 '봄'에는 봄철 생활에 필요한 도구를 여러 가지 기준으로 모으는 활동이 있습니다. 다음은 봄철에 사용할 수 있는 생활 도구입니다.

> 모종삽, 먼지떨이, 색안경, 삽, 빗자루, 돗자리, 대걸레, 양산, 물뿌리개, 청소기, 도시락통, 화분, 쓰레받기, 사진기, 호미, 마스크, 손걸레

이 생활 도구들을 어떤 기준으로 나눌 수 있을까요? 쓰이는 상

황에 따라 그리고 사용하는 장소에 따라 나눌 수 있겠죠. 쓰이는 상황에 따른 분류는 아래 표와 같이 '나무나 꽃을 심을 때', '봄맞이 집 안 대청소를 할 때', '봄나들이 할 때'로 해 볼 수 있습니다. 자, 이제 본격적으로 아이들이 활동할 차례입니다.

나무나 꽃을 심을 때	봄맞이 집 안 대청소를 할 때	봄나들이 할 때

활동하는 방법은 다양합니다. 개인별로 카드를 분류하거나 낱말을 쓸 수도 있고, 모둠별로 놀이를 하면서 수업을 진행할 수도 있습니다. 그런데 어떤 수업 방법이든 바로 활동을 시작해 버리면 활동하는 도중에 교사가 바빠지는 상황이 꼭 생깁니다. 대걸레나 양산, 호미를 모르는 아이들이 있기 때문이지요. 저학년 아이들 가운데 '어? 이것도 모르나?' 할 정도로 정말 쉬운 단어를 아직 모르는 경우가 많거든요.

아이들이 이미 알고 있는 사전 지식은 뇌에 저장되어 필요할 때마다 꺼내 쓸 수 있습니다. 살아가면서 획득한 지식은 신경세포망을 이루며, 지식이 쌓일수록 신경세포망도 변화합니다. 다양한 경

뇌 신경 세포망

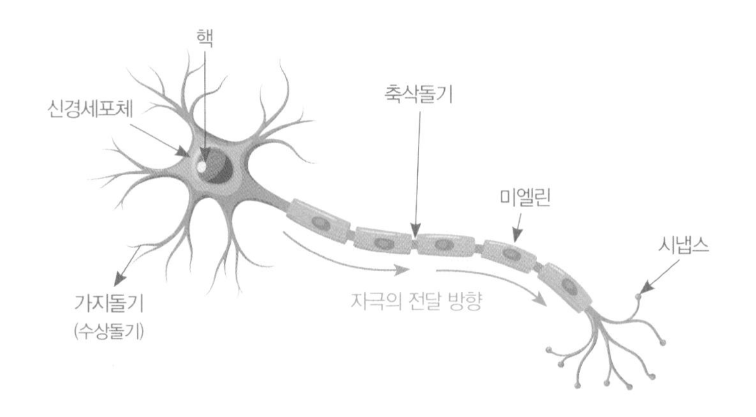

험과 학습은 신경세포망의 연결을 촉진하며 연결이 많아질수록 학습한 내용을 더 많이 저장하게 됩니다. 신경세포망은 뉴런이라고도 하며 두뇌 활동을 하는 데 핵심적인 역할을 수행합니다.

뇌에서 신호가 전달되는 과정을 살펴보면 학습이 어떻게 이루어지는지 알 수 있습니다. 신경세포체의 수상돌기는 다른 뉴런에서 나온 전기 자극을 받고 축삭돌기를 통해 신호를 전달합니다. 뉴런과 뉴런은 서로 연결되어 있지 않지만 뉴런과 뉴런 사이에 있는 작은 틈인 시냅스로 세라토닌, 도파민 등 50여 가지의 신경전달물질을 방출합니다. 뉴런 하나에 수상돌기가 1천 개에서 1만 개가 달려 있으며 1초에 250개에서 2,500개의 자극을 전달한다고 합니다. 뇌과학자들의 연구에 따르면 시냅스 하나가 전달하는 신경전달물질이 수만 개에서 수십만 개에 이른다고 해요. 성인의 뇌에는 약 1천억 개의 뉴런이 있다고 하니 우리 뇌를 '소우주'라고 하는 말이 딱 알맞은 표현이라는 생각이 듭니다.

시냅스의 이런 신비로운 구조는 수많은 정보를 처리하고 저장하며 학습을 가능하게 합니다. 또 학습이 이루어질 때 더 강하게 시냅스가 활성화됩니다. 이렇게 태어나면서부터 고정된 뇌를 가지고 태어나는 것이 아니라 생각하고 경험하며 학습이 이루어지면서 변화하는 뇌의 특징을 뇌의 가소성plasticity이라고 하는데요. 이 가소성은 낯선 일은 불편해하며 익숙하고 잘하는 것을 즐기려는 성향을 가지게 합니다. 우리가 공부를 잘하는 비결 중에 첫 번째로 '반복'을 꼽는 이유는 바로 이 뇌의 가소성 때문이에요. 그래서 책을 잘 읽고 글을 잘 쓰려면 습관을 기르는 것이 좋습니다. 유명한 작가들이 글을 잘 쓰려면 매일 뭐라도 쓰라고 주장하는 이유와 딱 들어맞기도 하네요.

우리 뇌의 특성은 잘 하는 것, 좋아하는 것에 끌리는 경향이 있습니다. 책 읽기와 글쓰기의 경험이 적으면 적을수록 뇌는 그것을 싫어할 가능성이 크겠지요. 물론 타고난 신경세포망으로 탁월한 재능을 발휘하는 아이도 있습니다. 하지만 타고난 재능도 잘 살피지 않아 무시하거나 계발하지 않으면 평범해질 수 있어요.

어렸을 때부터 즐겁게 책을 읽고 자란 아이의 뇌는 나중에도책을 좋아할 가능성이 큽니다. 학교 선생님도 부모님도 아이가 책을 즐겨 스스로 읽는 아이로 자라 평생 독서가가 되길 바란다면 독서가 습관이 되도록 이끌어 주어야 합니다. 물론 즐거운 독서 경험을 통해서 말이지요.

글쓰기는 책 읽기보다 더 고차원적인 활동입니다. 더 많은 생각을 필요로 하고 더 많은 사고의 통합이 이루어집니다. 책에서 전하는 작가의 이야기와 메시지를 이해하고 소화하는 것을 넘어서서 나의 이야기를 구성하고 표현하는 글쓰기는 아이의 뇌에 엄청난 변화를 일으킵니다. 단어를 선택하고 조합하며 문장과 문장을 연결하는 일은 결코 쉬운 일은 아니지만 그만큼 아이의 성장에 큰 디딤돌이 되어 줄 것입니다.

독서와 글쓰기는 우리 아이들의 뇌를 춤추게 합니다. 뇌가 독서와 글쓰기에 최적화되면 더 행복한 삶을 가꾸고 영위해 나갈 수 있습니다. 아이는 자라면서 교사와 부모의 조력을 벗어나 독립적인 삶을 살아가야 합니다. 아이가 성장하여 자립하였을 때 아이의 진정한 조력자이자 스승은 바로 책과 글쓰기가 되어야 할 것입니다.

그러면 본격적으로 우리 아이가 책에 흥미를 느끼도록 하려면 어떻게 해야 하는지 알아볼까요?

책읽기와 글쓰기를 할 때
아이가 "이것은 나에게 중요해!"
"내가 해냈어!"와 같은
생각과 경험을 하도록 만드는 전략이 필요합니다.

2부

고학년이 되어서도
책을 좋아하려면?

1장

책 좋아하는 아이로 키우는 독서전략

"얘들아! 15분 책 읽기 하자!"

선생님의 말이 끝나기 무섭게 책을 꺼내는 아이가 있습니다. 시작 신호를 기다리지도 않고 아이는 벌써 책에 빠져들었습니다. 읽는 책을 보니 친구들보다 글밥이 많네요. 이 아이는 책 읽는 시간이 끝났다고 알릴 때마다 항상 "아!~ 선생님! 조금만 더 읽어요!"라며 아쉬워합니다.

교실에 있는 아이들 모두가 그렇다면 얼마나 좋을까요? 고학년으로 올라갈수록 독서를 즐기는 아이들이 줄어들어 참 안타깝습니다. 아이들이 책 읽는 모습을 보면 한눈에 독서력을 체크할 수 있습니다. 독서에 몰입한 아이, 선생님 때문에 억지로 건성으로 읽으며

어서 시간이 지나가기만을 바라는 아이, 잘 읽고 싶어도 책이 눈에 들어오지 않는 아이, 눈은 책을 향해 있으나 딴 생각에 빠진 아이 등 아이들의 독서력은 천차만별입니다.

내 아이가 책을 좋아하게 하려면 부모의 '독서'에 대한 관점을 바꿀 필요가 있습니다. 예를 들어 볼까요? 학교에서 육상 대회가 열린다고 합니다. 평소에 아이가 달리기를 좋아하고 제법 잘 달린다고 생각한다면 기대감을 가질 거예요. '학급 대표로 뽑히지는 않을까?' 하는 기대를 가지게 되고 학급 대표가 되었을 때는 아이와 함께 연습도 하고 간식도 사 주면서 격려하겠지요. 그런데 아이가 달리기에 관심이 없거나 잘 못한다면 아이에게 달리기를 강요하지 않지요. 축구나 줄넘기, 피아노, 그리기 등 예술과 체육 능력에 대해서는 아이의 수준을 고려하면서 왜 독서에 대해서는 아이의 독서력을 고려하지 않고 강요하게 되는 것일까요? 바로 그런 이유로 아이가 책과 더 멀어지게 되는 것은 아닌지 생각해 보아야 합니다.

그렇다면 아이의 입장에서 아이가 책을 멀리하는 이유를 찾아봅시다. 그런 다음에는 아이에게 맞는 독서 전략을 세워보는 거예요. 다음 체크리스트를 보며 우리 아이가 어떤 이유로 책을 멀리하는지 점검해 보세요.

❑ 글을 읽는 게 힘들어요. (읽기 능력의 문제)

❑ 재미있는 책이 없어요.

❑ 책을 읽는 재미를 모르겠어요. 읽으라니까 읽는 거예요.

❑ 책보다 더 재미있고 신경 쓰이는 게 많아요.

❑ 책 읽을 시간이 없어요.

❑ 우리 집에서는 아무도 책을 읽지 않아요.(독서 환경의 문제)

아이가 책을 멀리하는 이유를 파악했다면 구체적인 방법으로 아이가 책과 친해질 수 있도록 도와야 합니다. 독서에 대한 부모의 과한 욕심과 기대를 내려놓고 오직 아이의 입장에서 출발해야 하지요. 공부와 입시를 위한 독서가 아니라 평생 독서가로 키우려면 더 긴 호흡으로 기다려주고 격려해 주면서 아이의 책동무가 되어 주어야 합니다. 그럼 하나하나 전략을 세워 볼까요?

☑ 글을 읽기 힘들어하는 아이

글자 자체를 읽기 힘들어하는 아이들이 의외로 많습니다. 저학년 때부터 힘들어한 아이들은 학년이 올라가서도 힘들어하기 때문에 다양한 읽기 경험을 통해 글에 대한 부담에서 벗어나게 해 주어야 합니다.

읽기와 쓰기에 기능하는 뇌 부위는 9세 이전에 급격히 성장한다고 합니다. 읽기 능력이 부족한 아이는 학년이 올라갈수록 성적이 떨어지고 학습에 흥미를 잃게 되며 자존감이 떨어져서 수동적인 삶을 살아갈 가능성이 큽니다.

먼저 아이의 읽기 상태를 체크해 봅시다. 교과서나 동화책을 소리 내어 읽게 하고 아래 해당하는 항목이 있다면 바르게 읽을 수 있도록 도와주어야 합니다. 이때 주의할 점은 다른 아이들보다 뒤처진다고 성급하게 가르치려고 하면 안 됩니다. 하루라도 빨리 다른 아이들처럼 책을 줄줄 읽었으면 하는 마음이 간절하겠지만 아이가 받아들일 수 있는 속도가 중요합니다. 발달이 좀 늦는 아이를 가르치려면 부모의 심장에 사리가 생길 정도의 인내심이 필요합니다.

읽기 오류 체크리스트

- ❑ 글을 읽다가 낯선 낱말이 나왔을 때 10초 정도 반응하지 않는다.
- ❑ 글에 없는 낱말을 추가하여 읽는다.
- ❑ 글에 있는 낱말을 생략하여 읽는다.
- ❑ 낯선 낱말이 나왔을 때 틀리게 읽는다.
- ❑ 비슷한 말로 바꾸어 읽는다.
- ❑ 낱말을 반복해서 읽는다.
- ❑ 더듬거리며 읽는다.

❑ 낱말을 빠트리고 읽는다.

읽기 능력은 점진적으로 발달한다고 합니다. 어렸을 때부터 읽기 경험이 많은 아이, 즉 부모가 어릴 때부터 그림책을 읽어 준 아이, 형제와 함께 그림책을 가지고 놀며 읽은 아이들이 유창하게 읽을 가능성이 높지요. 읽기 유창성이 부족한 아이의 읽기 능력을 향상시키는 가장 좋은 방법은 바로 그림책을 활용하는 것입니다.

❶ 그림책을 읽어 나가다가 생소한 낱말을 잘 읽지 못할 때는 한글의 음운 체계를 가지고 글자를 익히게 하세요.

예를 들어 '베개'라는 글자를 잘 읽지 못할 경우 'ㅂ'의 "브" 'ㅔ'의 "에"가 만나 "베"가 된다고 소리 내어 말해 주세요. '베'와 비슷한 글자인 '배'를 비교하게 하면 베를 더 잘 기억할 수 있어요.

❷ 그림책 한 권을 다 읽지 못해 짜증을 내거나 빨리 끝내고 싶어할 때는 어디까지 읽고 싶은지 아이 스스로 정하게 합니다.

분량을 정한 후 아이가 힘들어하지 않도록 부모와 한 줄씩 번갈아 읽거나 한 바닥씩 돌아가며 읽는 것이 좋습니다. 부모가 읽는 동안 아이가 글자를 보지 않고 그림만 보아도 괜찮아요. 그림을 살펴보는 여유를 가진 아이는 질문을 하기 시작할 거예요. 그럴 때는 아이의 질문에 맞장구치면서 아이의 생각을 물어보거나 함께 왜 그럴까 고민하는 시간을 가져 보세요. 글의 행간에 들어 있는 의미들을 자연스러운 대화를 통해 감각적으로 체득하게 될 거예요.

❸ 연음이 되는 글자들을 한 글자씩 분리해서 읽을 경우에는 글자 카드를 만들어서 책을 읽기 전에 먼저 발음해 본 후 책을 읽으면서 찾아보게 합니다.

예를 들어 '있었어요'라는 글자를 연음해서 읽지 못할 경우 카드를 만들어서 냉장고에 붙여 놓고 자주 읽어 보게 하고 책을 읽을 때 비슷하거나 같은 글자가 나왔을 경우 "찾았다!"라고 외치게 하면 금방 잘 읽을 수 있게 됩니다.

❹ 글자를 빼먹고 읽거나 없는 글자를 마음대로 넣어서 읽는 경우에는 읽기 전에 아이의 기분이나 상태를 먼저 안정시켜 주세요.

주변이 소란스럽다면 차분한 분위기로 바꾼 다음 책 읽기를 시작하는 것이 좋습니다. 자꾸 제대로 읽지 못한다면 부모가 시범을 보여 주세요. 띄어쓰기가 있는 곳에 사선을 그어 한 글자 한 글자 쉬어가며 읽어 주고 나서 아이가 읽도록 합니다. 읽는 양이 너무 많으면 아이의 호흡이 불안해져서 다시 읽기 오류가 나타나므로 내 아이에게 맞는 적절한 양을 찾아보세요.

또한 같은 책을 반복해서 읽는 것이 읽기 유창성을 높이는 데 도움이 됩니다. 아이가 가장 좋아하는 책이 가장 좋은 교재가 되겠지요. 처음에는 본보기로 부모가 여러 번 읽어 주세요. 그런 다음 아이가 읽을 때 틀린 낱말을 고쳐 주거나 바르게 띄어서 읽도록 도와주세요. 아이가 자꾸 틀리는 낱말은 따로 카드를 만들어 주는 것이 좋습니다. 틀린다고 반복해서 고쳐 읽어 주면 아이는 흥미를 잃게 되고 부모는 아이에게 짜증을 내거나 실망하는 모습을 비치게 되니까요. 아이들은 자기가 잘 못하는 것은 하기 싫어하고 집중해서 공부하는 것을 힘들어해요.

☑ 재미있는 책이 없다는 아이

대부분의 부모가 자녀를 위해 책 구매하는 것을 망설이지 않습니다. 20년 전쯤에는 가정에서 구입하는 책 대부분이 전집류, 백과사전류였는데 좋은 책에 대한 정보를 공유하면서 점차 단행본을 많이 구입하고 있어요. 지역 도서관이나 학교 도서관에도 좋은 책이 참 많습니다. 해마다 신간을 구입해서 책장을 채우고 있지요. 그럼에도 읽을 만한 책이 없다며 책을 고르지 못하는 아이들이 있습니다. 책을 잘 고르지 못하는 아이 대부분은 책을 제대로 읽지 못합니다. 학교에서는 아직 책을 스스로 읽지 못하는 아이들을 위해 개별적으로 독서지도를 할 시간이 부족해요. 가정에서 아이가 책에 흥미를 붙이도록 도와주세요. 책을 잘 고르지 못하는 아이에게는 선택지를 좁혀 주는 것이 좋습니다. 내 아이는 어떤 분야의 책에 끌리는지 찾아볼까요?

저학년이라면

저학년 아이들은 대부분 그림책을 좋아하고 잘 읽습니다. 다른 아이들에 비해 그림책을 잘 읽지 않는다고 여겨진다면 다양한 형태의 그림책을 경험하게 해 보세요. 글자가 없는 그림책, 세로로 긴 그림책, 입체북, 병풍그림책, 놀이하며 읽는 그림책 등 신기하고 창의성이 돋보이는 그림책을 아이와 함께 읽어 보세요.

• 다양한 형태의 그림책

놀면서 읽는 그림책	작가 상상력이 돋보이는 그림책	아이가 참여하는 그림책	병풍 그림책 (울타리 그림책)	길게 펼치는 그림책
꼬리 꼬리 꼬꼬리	시간 상자	절대로 누르면 안 돼!	장날	구덩이에서 어떻게 나가지?

그리고 여러 분야의 책 중에서 어떤 책에 끌리는지 선택하게 해 봅니다. 도서관에서 주제별로 제시한 책과 비슷한 책들을 빌려와서 어떤 책을 가장 먼저 읽고 싶은지 물어보고 가장 끌리는 책을 선택하게 합니다. 이를 통해 책에 대한 아이의 선호도와 성향을 파악할 수 있어요.

• **주제별 추천도서**

생활동화	종이접기/만들기	과학	체육	예술
병관이와 지원이 시리즈	다섯 번 종이접기 시리즈	숨은 어떻게 쉴까요?	Who special 손흥민	요리조리 뜯어보는 신기한 명화집

역사	위인전	옛날이야기	퀴즈	속담
설탕 따라 역사 여행	진짜 대장 이순신	심청전	나의 첫 추리퀴즈	읽자마자 속담왕

성향을 파악한 후에는 아이와 함께 오프라인 서점이나 인터넷 서점, 또는 지역 도서관에 가서 책을 함께 골라 보세요. 미리 자신이 어떤 책에 끌리는지 살펴봤기 때문에 책을 고르기가 한결 쉬워집니다. 이렇게 선택의 기회를 가진 아이는 더 능동적으로 독서를 하게 됩니다. 여러 분야의 책을 구경하면서 한 분야만 고집하지 않고 다른 분야에도 눈을 돌릴 수 있는 계기가 되기도 합니다.

♣ 추천도서나 권장도서를 구하는 팁

아이와 도서관이나 서점에 자주 가서 책을 구하면 좋겠지만 그럴 여유와 시간이 없는 분이 많지요. 아이에게 읽히고 싶은 책은 많지만 모든 책을 다 사줄 수는 없는 일이에요. 그럴 때는 아이에게 책제목과 지은이 이름을 적어 학교 도서관에서 빌려오도록 하면 됩니다. 만약 도서관에 책이 없다면 구입 희망 도서로 신청하면 됩니다. 지역 도서관에는 가족 모두 대출증을 만들어 놓으면 여러 권의 책을 한 번에 대출할 수 있어요. 온라인서점의 중고도서도 활용해 보세요. 온라인 서점의 책 미리보기 기능은 우리 아이 수준에 맞는 도서를 고르는 데 유용합니다.

3, 4학년이라면

아이의 취향에 더 세심한 주의를 기울여야 합니다. 휴대폰 게임이나 유튜브 영상에 많이 노출되면서 집착 증세를 보이는 아이들이 늘어나는 시기입니다. 게임이나 영상의 재미에 빠진 아이들은 책의 재미를 느끼기 참 어렵습니다. 저학년 때 독서 경험이 부족한 아이는 중학년 수준에 맞는 글밥 많은 책을 읽어내지 못하기 때문에 책과 더 멀어지게 되기 쉬운 시기이기도 합니다. 그동안의 독서 경험이 부족했다면, 혼자서 책을 읽기 어려울 수 있으므로 3, 4학년이라도 책을 읽어 주는 것이 좋습니다. 한 문단씩 나눠 읽거나 삽화를 보며 이야기를 많이 나눈 후 책을 읽도록 하면 흥미를 붙이기 쉽습니다. 책이 재미있는 것이라는 경험을 자주 갖도록 하는 것이 열쇠입니다.

책을 읽기 싫어한다면 수준에 맞는 쉬운 책이 좋습니다. 재미있는 그림책을 만나게 해 주세요. 자신과 맞는 그림책은 읽고 또 읽는 경우가 많아요. 그렇다고 너무 쉬우면 시시하다며 자칫 책 읽는 재미를 놓칠 수 있어요. 그림책 중에서도 글밥이 많은 책이나 이야기 줄거리가 탄탄한 책이 있으니 찾아봐 주세요. 유튜브 영상을 자주 보는 아이라면 관련된 책을 소개해 주세요.

다음 페이지의 분야별 추천 책이나 이 책과 비슷한 책들 중에서 어떤 책이 맘에 드는지, 그리고 읽고 싶은지 선택하게 한 다음 읽게 하고, 도중에 그만둔다면 다시 선택하게 합니다. "도대체 책을 읽지 않는구나!"라는 말보다 "엄마 아빠는 네가 어떤 분야에 관심이 있는지 정말 궁금해!"라는 말이 아이에게는 책을 손에 드는 동기가 될 거예요.

• 3, 4학년 분야별 추천도서

재미있는 그림책	이야기가 탄탄한 그림책	유튜브 +종이접기	생활동화	인기 게임 관련
꽁꽁꽁 좀비	보이거나 안 보이거나	페이퍼 블레이드	짜장 짬뽕 탕수육	어몽어스
체육	**역사인물**	**과학책**	**요리책**	**재미있는 과학 이야기**
생각하는 축구 교과서	장영실, 하늘이 낸 수수께끼를 푼 소년	요리조리 뜯어보는 기계의 구조와 원리	고양이 해결사 깜냥 2	이유가 있어서 멸종했습니다

책의 재미를 모르고 고학년이 되었다면

아이가 책을 읽도록 하는 것이 힘들어서 자포자기하는 분이 많을 거예요. 학교공부와 학원공부에 지친 아이들은 남는 시간엔 휴대폰 게임을 하고 싶어 하지 절대로 책을 손에 들려고 하지 않을 거예요. 숙제까지 많은 날에는 책 읽히기는커녕 숙제와 게임으로 아이와 실랑이를 하는 날이 많습니다. 독서전문가들은 하나같이 말합니다. 학원 때문에 책 읽을 시간이 없다면 과감하게 학원을 줄이거나 정리하라고요. 초등학교 때 책 읽는 재미에 맛을 들이지 못한 채로 중학생이 되면 책과는 영영 담을 쌓고 살아가게 될 거라고요.

그런 말을 들어도 학원을 정리하지 못하는 부모들이 많습니다. 아이들은 학원 가기 싫다고 매일 호소합니다. 더 놀고 싶다고, 더 쉬고 싶다고, 더 자고 싶다고. 하지만 왜 우리 어른들은 아이들에게 억지로 학원을 다니게 하는 걸까요?

'불안' 때문이지요. 학원을 다니지 않으면 다른 아이들보다 뒤처지고 그래서 나중에 좋은 대학에 가지 못할 거라는 불안, 학원 안 가고 놀기만 하면 시간을 허비할 거라는 불안, 학원 안 가고 혼자 두면 나쁜 친구와 어울리거나 게임만 할 거라는 불안 등등. 그런 불안의 원인은 내 아이를 믿지 못하는 데서 옵니다. 또 부모 자신의 육아에 자신 없기 때문이기도 하지요. 육아에 그리고 내 아이에게 믿음을 가지려면 먼저 부모 스스로 내면을 단단히 해야 합니다. 우리 부모들이 먼저 책을 읽어야 하는 이유가 여기에 있습니다. 우리 내면의 힘을 키우는 길은 독서에 있습니다.

고학년이 된 내 아이가 이제라도 책 좋아하는 아이, 능동적으로 책을 읽는 평생 독서가로 살기를 바란다면 아이가 책을 읽을 수 있는 시간과 여유를 마련해 주어야 합니다. 그런 다음 쉽고 재미있으며 아이의 취향과 눈높이에 맞는 책으로 시작해 보세요. 초등학교 졸업하기 전, 나중에 자라서 그때 그 책 좋았다고 이야깃거리가 될 수 있는 책 한 권이라도 만난다면 성공입니다.

• 고학년 분야별 추천도서

동화	과학	만들기	체육	환상동화
복제인간 윤봉구	똥오줌 연구소	움직이는 장난감 만들기	의외로 경기보다 재미있는 축구 도감	이어위그와 마녀
세계음식	**역사동화**	**여행**	**꿈**	**인물 역사**
세계 음식 여행	너의 운명은	우리 땅 기차 여행	열두 살에 부자가 된 키라	실패도감

특히 고학년 남학생들은 이 시기에 책과 멀어지면 영원히 책과

담을 쌓게 될 수도 있기 때문에 포기하지 말고 다양한 전략을 사용해야 합니다. 예를 들어 도서관에 매일 들르게 해 마음에 드는 책을 찾을 때까지 대출과 반납을 반복하도록 해 보세요. 빌려온 책을 함께 살펴보고 아이가 읽고 싶지 않다면 훑어만 보게 한 후 다음 날 반납하게 하는 것이지요. 이렇게 스스로 책을 고르는 힘을 기르다 보면 재미있는 책을 발견하거나 책의 재미를 느낄 수 있습니다.

《독서교육 어떻게 할까?》(김은하, 학교도서관저널)라는 책에서 초등학교 3학년을 대상으로 한 연구를 소개하고 있는데요. 스스로 책을 선택할 수 있는 아이는 주어진 책만 읽는 아이보다 빠르고 효과적으로 정보를 찾는다고 합니다. 즉, 정보를 찾을 때 책을 덜 뒤적이고, 불필요한 정보를 걸러내며 주요 용어를 단서로 필요한 정보를 찾는 능력이 더 뛰어나다고 해요. 미래 사회는 주어진 정보를 재구성하고 재창조하는 능력을 필요로 하지요. 하지만 무엇보다 아이 스스로 책을 고르게 하는 일은 아이가 책에 재미를 들이는 첫걸음이기에 중요합니다.

☑ 책 읽는 재미를 몰라 마지못해 읽는 아이

미국 소설가 윌리엄 딘 하우얼스William Dean Howells는 의무감 혹은 강요에 의해서 읽는 책은 좀처럼 친구가 될 수 없다고 했어요. 아이들의 독서력을 키우기 위해서는 첫째도, 둘째도 재미가 있어야 합니다. 그렇다면 어떻게 하면 책에 흥미를 갖게 하고 재미를 느끼게 할 수 있을까요?

한 권의 책을 천천히 맛보기

일본의 나다 중학교 국어교사 하시모 다케시에 의해 시작된 슬로리딩slow reading은 우리나라의 독서교육에도 큰 영향을 미쳤습니다. 하시모 다케시 선생님은 자신의 국어 수업에서 나카 간스케의 소설책《은수저》(작은씨앗)를 졸업할 때까지 6년 동안 교재로 사용했어요. 우리나라에서는 슬로리딩의 일환으로 '한 학기 한 권 읽기'를 추진하고 있는데 모든 교사가 다독도 좋지만 한 권이라도 깊이 있게 제대로 읽는 것이 중요하다는 데 입을 모읍니다.

슬로리딩은 책 읽기에 대한 부담을 줄이면서도 책에 재미를 느낄 수 있게 해 줍니다. 한 번의 독서로 놓치기 쉬운 장면, 느낌, 의미 등을 찾을 수 있게 해 주며 다 읽고 난 뒤에는 '책 한 권 제대로 읽었다'는 뿌듯함을 가져다줍니다. 어쩌면 그 책이 아이의 인생책이 될 수도 있겠지요. 가정에서 아이와 한 권이라도 제대로 천천히 읽으려면 어떻게 하는 것이 좋을까요?

딱 하루 한 장씩 소리 내어 읽기

하루 한 장이면 너무 적은 양이 아닐까 생각하는 부모님이 계실 것 같아요. 이 챕터는 책 읽기를 너무나 싫어해서 아예 책을 읽지 않는 아이들을 위한 솔루션이에요. 책을 잘 읽는 아이인데 슬로리딩을 가정에서 실천하고 싶다면 양을 조금 더 늘려도 됩니다. 책을 읽을 때는 엄마나 아빠 앞에서 소리 내어 읽도록 합니다. 소리 내어 읽는 이유는 아이의 읽기 유창성 정도를 확인할 수 있다는 장점도 있고 아이의 책 읽는 소리를 들으면서 엄마나 아빠도 내용을 함께 공유할 수 있기 때문이에요. 아이가 더 읽고 싶을 때까지는 딱 한 장만 읽는 원칙을 지켜 나가는 것이 중요해요. 아이에게 책을 읽자고 처음 권할 때 "딱 한 장만 읽어 보자!"는 말은 아무리 책이 싫은 아이라도 편안하게 받아들일 테니까요.

한 장을 읽은 다음에는 "책 읽는 소리가 참 좋구나!" "책 읽는 소리를 들으니 마음이 편안하고 행복해지네!" 하고 칭찬해 주세요. 그리고 책에 나온 줄거리나 주인공, 배경에 대해 이야기를 나눠 봅니다. 억지로 대답을 강요하기보다 "엄마 생각은 이런데 네 생각은 어떠니?"와 같이 묻는 방식이 좋습니다.

읽은 책 내용과 관련하여 가족이 함께할 수 있는 체험, 영화, 전시회, 요리, 봉사, 나눔 등의 아이디어를 아이와 나눠 보세요. 책을 읽는 도중에 아이디어가 떠오른다면 책에 바로 메모하거나 포스트잇을 붙여 표시하면 좋겠죠. 나중에 찾아보고 싶은 궁금한 점도 바로 메모해 놓으면 시간 날 때 검색하거나 가족과 대화로 해결하는 기쁨을 맛보게 되겠지요.

어떤 책으로 시작하는 것이 좋을까?

가정에서의 슬로리딩 목적은 책 한 권이라도 아이가 재미있게 경험하도록 하는 데 있어요. 부모도 아이도 체계적으로 슬로리딩을 실천하기에는 여러 가지 현실적인 어려움이 많기 때문에 큰 욕심을 버리는 것이 좋아요. 책 한 권을 천천히 읽으며 '어떤 체험으로 연결할 수 있을까' 하며 아이디어를 함께 짜는 시간을 가져보세요. 부모님이 던져야 할 중요한 질문들은 "뭐 하고 싶니?" "무엇을 해보면 좋을까?" "어디 가 볼까?" "무엇을 만들어 볼까?" 등이겠지요.

책과 관련된 체험활동은 학교에서 배우는 교과와 연계되어 자연스럽게 학교 공부에도 도움이 됩니다.

독서를 통해 다양한 상식이 생긴 아이는 수업 시간에 선생님이 하는 질문에 대한 답을 잘 알고 이해하기 때문에 자연히 수업 집중력이 좋아지고 그로 인해 학습 자존감이 높아집니다.

한 권의 책을 재미있게 읽으면서 흡수하게 된 상식은 학업뿐 아니라 앞으로 아이가 자라는 동안 큰 힘이 되어 줍니다.

다음에 나오는 표는 학년별로 읽고 활동하기 적합한 책들입니다. 제시한 책 활동을 마중물 삼아 다른 책에서도 재미있는 활동을 발견할 수 있을 거예요.

• 학년별 추천도서와 추천활동

학년	추천도서	추천활동	의견
1학년	배추흰나비 알 100개는 어디로 갔을까?	《배추흰나비 알 100개는 어디로 갔을까?》 · 배추흰나비 기르기 · 다양한 곤충 길러보기 · 곤충 그리기나 만들기 · 곤충 사전 만들기	지식을 강요하지 않도록 주의해 주세요.
	북극곰에게 냉장고를 보내야겠어	《북극곰에게 냉장고를 보내야겠어》 · 북극곰에게 편지쓰기 · 아이스크림 만들기 · 북극곰에게 보낼 냉장고 만들기	북극의 얼음이 녹는 이유를 같이 생각해 보세요.
2학년	내 친구가 사는 곳이 궁금해	《내 친구가 사는 곳이 궁금해》 · 책에 나오는 곳 중에서 가고 싶은 곳 탐방하기 · 우리 동네 지도 만들기 · 여러 가지 방법으로 집 만들기 · 내가 살고 싶은 곳 상상하여 꾸미기	집 주변을 관심 있게 돌아보아도 좋아요.
	아홉 살 마음 사전	《아홉 살 마음 사전》 · 나도 겪었던 일이나 공감하는 곳에 포스트 잇 붙이기 · 나만의 마음사전 책 만들기 (*224쪽 참고) · 표정 놀이하기	여러 가지 감정 표현을 생활에서 활용해 보세요.

3학년	 	《내 이름은 삐삐 롱스타킹》 · 팬케이크 만들기 · 삐삐를 만난다면 어떤 놀이를 해보고 싶나요? · 나만의 비밀 아지트 만들기 · 삐삐에게 줄 선물 만들거나 선물상자 꾸미기	아직 긴 글을 읽기 힘들어하면 천천히 읽어 주세요.
	 	《한밤중 달빛 식당》 · 나의 나쁜 기억으로 어떤 음식을 먹으면 좋을지 맛있는 요리 검색하기 · 부모님의 나쁜 기억을 지우는 음식 해 드리기 · 내가 운영하고 싶은 식당 구상하고 그려보기	책에 담긴 의미를 이해하지 못해도 억지로 이해시키려 하지 마세요.
4학년	 	《과수원을 점령하라》 · 등장인물 중 가장 사랑스런 주인공 뽑고 캐릭터 그리기 · 나만의 보물지도 그리기	《프린들 주세요》(사계절)도 추천합니다.
	 	《1분 과학》 · 주제 관련 기사 찾아 스크랩하기 · 친구들에게 책에서 알아낸 사실 말해주기 · 책 내용과 연관된 사진 찾아보기 · 우유로 치즈나 요구르트 만들기	한 번에 읽기보다는 한 달에 한 번 정도 읽는 것이 좋아요.

학년	도서 및 활동	함께하기
5학년	《노잣돈 갚기 프로젝트》 · 저승사자의 모습 상상해 그려 보기 · 노잣돈의 유래 알아보기 · 그림책 《저승에 있는 곳간》 빌려보기 · 나만의 마니또 친구 만들기	후회 없는 삶에 대해 함께 이야기해 보세요.
	《15소년 표류기》 · 무인도 지도 완성하기 · 무인도에서 꼭 필요한 도구 만들기 · 젓가락을 이용해 뗏목 만들어 보기	무인도에 표류했다면 나는 어떤 역할을 맡고 싶은지 이야기해 보세요.
6학년	《불량한 자전거 여행》 · 가족여행 스케줄 짜기 · 자전거 여행 도전해 보기	버킷리스트를 만들어 보세요.
	《나의 라임 오렌지나무》 · 마음에 와 닿는 문장들로 책갈피 만들어 선물하기 · 라임 오렌지나무 키워보기	책을 읽고 생긴 감정에 공감해 주세요.

사자성어, 속담 사전, 삼행시와 같은 책으로 책에 재미 붙이기

아이가 책에 흥미를 가지려면 조금씩, 매일, 함께 놀아주는 것이 최고의 방법이에요. 특히 글밥이 많은 책을 읽기 싫어하고 부담스러워 한다면 사자성어, 속담, 삼행시를 엮은 책으로 다가가 보세요. 어린이를 위한 명언을 모은 책도 검색해 보고 어떤 책이 제일 갖고 싶은지 선택권을 주고 구입한다면 더 애착을 갖게 될 거예요. 이런 종류의 책들은 매일 조금씩 부모님과 함께 이야기를 나누며 읽는 것이 좋아요. "책 좀 읽어라!"라는 말보다 매일 한 장씩 또는 한 줄이라도 같이 읽고 이야기를 나누는 것이 중요합니다. 스스로 혼자서 읽을 때까지 말이죠. 독서 독립을 위한 마중물이라고 생각하세요. 이런 종류의 책들은 부모님이 집안일을 하면서도 아이와 주거니 받거니 대화가 가능해요. 그렇게 꾸준히 읽으면 어느새 한 권을 뚝딱 읽어 내는 기쁨을 얻을 수 있답니다.

• **놀면서 읽을 수 있는 책**

사자성어	삼행시	속담	수수께끼
읽으면서 바로 써먹는 어린이 사자성어	삼행시의 달인	속담이 백 개라도 꿰어야 국어왕	퀴즈백과 80 수수께끼 퀴즈

시집 읽기

이야기책에 집중하지 못해 책에 재미를 느끼지 못하는 아이에게 시를 낭독하게 해 보세요. 시는 크게 동시와 어린이 시로 나누는

데요. 동시는 어른이 어린이를 위해 쓴 시를 말하고 어린이 시는 어린이가 쓴 시를 말합니다. 어른이 동심의 세계를 그린 동시에서는 사물이나 사람, 사건을 바라보는 창의적인 시각을 느낄 수 있고, 직유나 은유 등 어린이들이 표현하기 어려워하는 표현법들이 잘 나타나 있어요. 그래서 시의 운율에서 느껴지는 리듬감과 함께 언어의 묘미를 느낄 수 있지요.

어린이 시는 나와 같은 또래 혹은 동생들이 쓴 시를 통해 시가 결코 어려운 것이 아님을, 우리의 일상이 모두 시가 될 수 있음을 체득할 수 있어요. 시에 쓰인 표현들을 통해 꾸며 주는 말을 자연스럽게 익힐 수 있고 어휘에 대한 감각을 기를 수 있습니다. 동시집과 어린이 시집을 한 권씩 구입하고 하루 한 편의 시를 낭독하다 보면 분명 책과 한 걸음 더 가까워질 거예요.

• **추천 동시집**

☑ 책보다 더 재미있고 신경 쓸 게 많다는 아이: 휴대폰과의 전쟁을 어떻게 치를 것인가?

코로나19로 인해 학교 교육과정이 비대면 원격수업으로 운영되면서 아이들은 미디어에 더 많이 노출되었습니다. 특히 맞벌이 가정의 아이들은 부모의 통제를 벗어나면서 유튜브 영상이나 게임의 재미에 맛을 들이는 계기가 되고 말았지요. 1학년 아이들도 학교에서 나누는 대화나 글쓰기, 그림 등에 게임에 대한 갈망을 드러내곤 하는데요. 저학년일수록 매체의 부정적인 영향은 심각합니다. 또래 아이들이 좋아하는 게임이나 영상은 미디어에 노출되지 않은 아이들에게도 적지 않은 영향을 미칩니다. 내 아이가 '어몽어스'나 '흔한 남매'를 몰라서 친구와 어울리는 데 어려움을 느낀다면 어떻게 해야 할까요? 대부분의 부모가 아이 손에 휴대폰을 쥐어주는 선택을 할 수밖에 없을 것입니다. 그런 부모님들에게 제가 할 수 있는 부탁은 휴대폰을 아이에게 주는 시기를 최대한 늦추라는 것입니다. 이미 아이가 휴대폰을 가지고 있다면 자유롭게 사용하도록 내버려 두면 절대로 안 된다는 것을 강조하고 싶습니다.

저는 2학년 담임을 하고 있는데요. 저학년이라 그런지 휴대폰이 없는 아이가 더 많습니다. 휴대폰을 가진 아이 중에는 게임에 빠진 아이들이 많아요. 그래서 글을 쓰거나 그림을 그릴 때마다 게임과 관련된 것을 소재로 삼으려 합니다. 소재가 한정적이다 보니 글도 그림도 창의성이나 개성이 없고 밋밋하며 내용도 빈약합니다. 과제를 대충하거나 빨리 끝내려는 경향이 커 몰입하기 힘들기 때문에 결과물도 성의가 없고 완성도가 낮습니다. 이런 태도는 모든 교과에 두루 나타나며 학년이 올라갈수록 그 성향이 강해지기 때문에 휴대폰에 많이 노출될수록 학습력이 낮아진다는 것을 각오해야 합니다.

휴대폰을 가까이할수록 책과 더 멀어지는 것은 당연합니다. 휴대폰으로 접하는 영상을 보고, 게임을 많이 하다 보면 책은 시시하고 재미없습니다. 그럼에도 불구하고 책의 재미를 알게 해 주고 느끼게 하려면 어떻게 해야 할까요?

월요일마다 주말에 있었던 일을 이야기하거나 쓰게 해 보면 아이들이 가족과 함께 놀았던 경험에 큰 의미를 부여하고 있음을 알 수 있습니다. 저학년 아이의 글이라도 가족과 함께 즐겁게 놀았던 일에 대해 쓴 글은 내용이 풍성하고 행복으로 가득 차 있습니다. 아이들은 '놀이'로 배우고 성장한다는 사실을 기억해야 합니다. 그렇다면 책으로 아이와 함께 노는 시간을 가져 보는 것은 어떨까요? 요새 놀이책이 참 많이 출간되고 있습니다. 역사놀이, 생태놀이, 미술놀이, 수학놀이 등 배움과 놀이를 함께 엮어 아이들이 놀면서 배우도록 만든 책들이지요. 내 아이가 좋아하는 분야의 놀이책을 찾아서 매주 하나씩 함께 해 보기를 추천합니다. 처음에 가족과 함께

하다 보면 나중에는 혼자서도 할 수 있게 됩니다. 놀이를 하다 보면 관련 분야에 더 관심을 갖게 되고 관련된 박물관을 찾아가거나 여행을 하면 책과 삶이 이어지게 됩니다. 여러 분야의 놀이책 중에서 내 아이와 맞는 것을 찾아보세요.

• 다양한 분야의 놀이 도서

역사놀이	수학놀이	미술놀이	영어놀이
초등 한국사 놀이북	수학 천재로 만들어 주는 흥미진진한 수학 놀이	참 쉬운 미술 놀이	세상에서 제일 쉬운 엄마표 영어놀이

☑ 책 읽을 시간이 없다는 아이

요즘 아이들 중에는 책 읽을 시간이 없을 정도로 바쁜 아이가 많습니다. 저학년이라도 학원을 2~3개 다니는 아이들은 학원을 모두 마치고 집에 가면 저녁 시간이지요. 씻고 밥 먹고 좀 쉬면 금세 잘 시간입니다. 숙제라도 있으면 책 읽을 시간이 없다는 말이 이해가 되지요. 휴대폰 게임에 재미를 들인 아이들은 이제 자는 것을 미루게 됩니다. 꽉 짜인 숨 막히는 생활 속에서 탈출구는 휴대폰일 수밖에 없습니다. 게임 속에서는 현실에서 느끼지 못하는 성취감과 해방감을 느끼니까요. 휴대폰으로 스트레스 푸는 아이에게 책 읽으라고 말하기가 쉽지 않지요. 그렇다면 어떻게 하는 것이 좋을까요?

아이의 자투리 시간 활용하기

독서시간이 고정되어 있다면 참 좋겠지만, 현실적으로 어려움이 있다면 아이의 자투리 시간을 챙겨서 틈틈이 책을 읽을 수 있도록 도와주세요. 이때 아이가 쉬어야 하고 놀아야 하는 시간은 건들지 않아야 합니다. 그러면 책을 읽기에 좋은 자투리 시간은 언제일까요?

수업 시간에도 자투리 시간이 있다는 것을 아시나요? 수학시간에는 정해진 시간에 같은 문제를 풀어야 할 때 문제를 빨리 푼 아이들에게 자투리 시간이 생겨요. 국어시간에는 같은 주제의 글쓰기를 했을 때 먼저 쓴 아이들에게 자투리 시간이 생기고, 미술 시간에도 만들기나 그리기를 빨리 완성했을 때 자투리 시간이 생깁니다. 이때 습관적으로 책을 내어 읽는 아이가 있는 반면에 다른 친구의 활동을 방해하거나 교실을 어수선하게 하는 아이도 있어요. 교사는 해야 할 것을 빨리 끝낸 학생에 대한 조치로 책을 읽히거나 다른 활동을 하도록 유도하지만 아이들의 수행 속도로 인해 생기는 문제는 어느 학급에서나 일어납니다.

이렇게 수업 시간에 생기는 나만의 자투리 시간을 아이와 이야기해서 책을 읽는 시간으로 만들어 보세요. 그러기 위해서는 아이의 가방 속에 언제든 꺼내어 읽을 책이 들어 있어야 하겠지요. 아이가 고학년이 되었어도 언제든 읽을 수 있는 책 한 권이 가방 속에 있는지 살펴보세요. 아이가 "학교 도서관에 읽을 만한 책이 없어요"라고 한다면 그때가 바로 지역 도서관이나 서점에 가본다든가 온라인 서점을 둘러보며 아이와 책을 고를 타이밍입니다. 그 때를 놓치지 않는 것이 중요해요.

또 다른 자투리 시간은 수업 시작 전에 생기는 경우가 많아요. 예를 들어 수업시간이 되었는데 선생님을 기다려야 한다거나 수업 준비가 빨라 다른 아이들을 기다려야 하는 경우예요. 학원에서도 이와 비슷한 시간이 많이 생기겠죠. 이런 시간을 포착할 수 있도록 아이와 이야기를 나눠 보세요. 그 시간에 바로 가방 안에서 책을 꺼내 읽는 습관을 들이면 아이는 평생 책을 가까이하는 사람으로 자라게 됩니다. 자투리 시간에 자발적으로 책을 꺼내 읽는 아이는 대부분 그 짧은 시간 동안 책에 온전히 몰입합니다. 한정된 시간을 이용한다는 생각을 하기 때문에 자투리 시간에 더 집중이 잘 되는 것입니다.

집에서는 생기는 자투리 시간은 가정마다 다르겠지만, 가정에서는 대부분이 자투리 시간에 휴대폰을 만지는 것이 일상이 되었어요. 또 자투리 시간이 구성원마다 다르기 때문에 독서 시간을 확보하는 데 어려움이 크지요. 그래서 아이의 독서를 위해서는 가족 독서 시간을 마련해서 함께 독서를 하는 것이 가장 좋은 방법이에요. 가족 독서 시간을 마련하기 어려운 여건이라면 아이와 언제 책을 읽는 것이 제일 좋은지, 언제 제일 잘 읽히는지 아이의 입장에서 자투리 시간이 언제인지를 파악해야 해요. 예를 들어 잠들기 전 20분이 좋을 수도 있고, 저녁 식사 전이 좋을 수도 있겠지요. 이때 휴대폰 사용 규칙을 정해 보세요. 이미 아이에게 휴대폰을 준 이상은 쉽게 뺏을 수도 없고 강제로 규제하기도 쉽지 않아요. 억지로 못하게 하거나 휴대폰 사용이 과하다고 윽박지른다면 아이는 어떻게든 몰래 할 수 있는 방법을 찾습니다. 아이의 하루 생활 가운데 책을 읽을 수 있는 시간과 휴대폰을 할 수 있는 시간을 의논하여 찾고 함께 규칙을 정하는 것이 정말 중요해요.

자투리 독서를 위한 하루 습관 세우기

아이가 자투리 시간에 책을 꺼낼 수 있는 독서를 저는 '자발적 독서'라고 부릅니다. 자발적 독서를 위해서는 여러 선행 조건이 필요하지만 생활 습관을 바로잡으면 자연스럽게 독서 시간도 한자리를 차지할 수 있어요.

아무리 독서가 중요하고 글쓰기가 중요해도 학교와 학원을 마치고 집에 온 아이의 놀고 싶고, 쉬고 싶고, 아무것도 안 하고 싶은 마음을 인정하고 이해해 주는 아량도 필요합니다. 우리 어른들도 직장에서 집에 돌아오면 녹초가 되어 잠만 자기도 하고, 낮에 스트레스 쌓인 일이 있다면 좋아하는 일에 집중해서 풀고 싶잖아요. 또 아무것도 하기 싫어서 멍하게 한동안 앉아 있기도 하고 주구장창 텔레비전만 보기도 하고 게임으로 스트레스를 풀기도 하지요. 어른은 그렇게 하면서 우리는 아이들에게 너무 많은 것을 무리하게 요구하고 바라는 것은 아닌지 돌아볼 필요가 있어요. 생활습관을 세우기 위해 선행되어야 하는 일은 바로 아이의 입장을 존중하고 들어주는 과정입니다. 처음에는 욕심을 앞세우기보다 한 가지라도 실천하는 태도를 갖도록 해 주세요. 생활습관을 한 번 세우고 끝내는 것이 아니라 그 습관이 잘 지켜지고 있는지 자주 돌아보는 시간을 갖는 것이 중요해요.

그럼 아이와 어떻게 생활습관을 세우는 것이 좋을까요? 먼저 집에 와서 하고 싶은 목록을 종이에 직접 써 보도록 합니다.

다음 페이지의 왼쪽 사진은 2학년 병준이가 하고 싶은 것 목록을 적은 노트입니다.

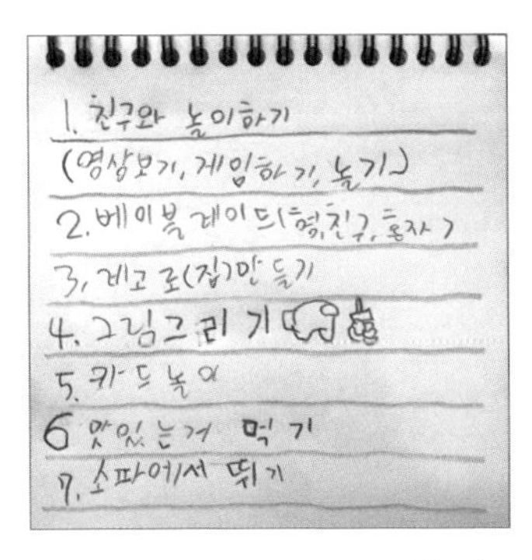

해야 할 것

1. 숙제
2. 책 읽기
3. 자유글쓰기 프로젝트(5분 글똥누기)
4. 운동

하고 싶은 것 목록(좌), 해야 할 것 목록(우)

아이가 하고 싶은 것 목록에 독서가 없다고 실망하지는 마세요. 우선은 아이가 하고 싶어 하는 것을 존중해 주어야 합니다. 이제 해야 할 목록과 하고 싶은 목록을 아이와 의논하여 배치합니다. 그런 다음 "자투리 독서 시간은 언제가 좋을까?"라고 물어 전적으로 아이가 선택하도록 해 보세요. 아이는 자신의 욕구가 충분히 수용되었기 때문에, 자신에게 주어진 선택권에 대한 책임을 보여 주기 위해 적절한 독서 시간을 확보할 거예요. 그리고 일단 '자투리 독서'라는 말이 아이들에게 부담감을 주지 않지요. 꼭 '몇 시 몇 분'을 독서 시간으로 정해 놓지 않더라도 '이런 자투리 시간은 책 읽는 것이 좋다!'라는 경험을 자주 시켜 주는 것이 좋습니다.

자투리 시간을 자연스럽게 책 읽는 시간으로 아이 스스로 챙길 수 있으려면 부모가 솔선수범하여 자투리 시간에 책 읽는 모습을 보여 주세요. 우리 어른들도 휴대폰을 달고 사는 것에 대해 반성해야 합니다. 조금만 시간이 남아도 휴대폰으로 뉴스나 유튜브를 보거나 다양한 플랫폼을 통해 무언가를 시청하거나 게임을 하지요. 너무 재미있어서 시간 가는 줄 모르고 보게 되고, 시간이 지루하게 느껴질 때는 그야말로 시간을 죽이는 데 그만인 것이 휴대폰입니다. 하지만 적어도 아이가 공부를 하거나 책을 읽을 때는 휴대폰을 무음으로 설정하고 텔레비전을 꼭 꺼 주세요. 아이가 자투리 시간에 책을 읽는다면 부모님도 바로 그 시간에 자투리 독서를 하는 것이 참으로 중요합니다. 아이가 숙제나 공부를 한다면 부모님은 아이 옆에서 도와주거나 시끄럽지 않은 집안일을 하고 아이가 책을 읽을 때는 함께 읽는 것을 원칙으로 삼았으면 합니다.

그리고 여행을 가거나 친척집에 방문할 때 등 어디든 나설 때는 항상 책을 가지고 가는 습관을 들여 주세요. 부모님이 읽을 책을 챙겨 주기보다는 "무슨 책을 가지고 가고 싶니?" "책은 몇 권 정도 챙겨 가면 좋을까?"와 같이 아이의 선택에 맡기는 질문을 해 주세요. 가져가서 읽고 안 읽고는 중요하지 않습니다. 읽으면 좋고 안 읽어도 괜찮다는 마음가짐이 필요합니다. 그야말로 자투리 독서용이니까요. 부모님이 읽을 책도 함께 챙기는 것, 잊지 마세요.

자투리 독서 시간은 어느 정도가 좋을까?

자투리 독서 시간은 아이마다, 학년마다, 독서 수준에 따라 다릅니다. 저학년이거나 책 읽기를 힘겨워하는, 독서력이 약한 아이는 10분 정도를 하루 두세 번 나눠 하는 것이 좋습니다. 처음에는 하루 10분이라도 스스로 자투리 독서를 실천한다면 일단 성공이라고 보아야 합니다. 더 욕심내지 말고 지켜봐 주세요. 그리고 무조건 칭찬을 많이 해 주세요. 시작하는 아이, 도전하는 아이에게 칭찬보다 좋은 것은 없으니까요.

자투리 시간은 짧기 때문에 미리 읽을 책을 준비해서 책 고르느라 보내는 시간을 줄이는 것이 좋습니다. 자투리 독서용 책을 따로 바구니에 두어 언제든 꺼내 읽을 수 있도록 눈에 잘 띄는 곳에 둡니다. 이야기책, 역사책, 과학책 등 종류별로 넣어 언제든 읽을 준비가 되었을 때 읽도록 해 주세요.

자투리 독서라고 대충 읽고 금방 끝내는 아이들도 있을 수 있어요. 그럴 때는 휴대폰에 내장된 타이머 기능을 사용해 보세요. 10분이 긴 아이의 경우, 5분을 맞춰 놓고 책을 읽게 합니다. 얼마 읽지도 않았는데 5분이 흘렀다는 것을 알 수도 있고, 길다고 생각했는데 5분밖에 되지 않았다고 느끼는 아이도 있겠지요. 아이마다 다르게 느끼는 것을 인정해 주어야 해요. 5분 독서를 하고 나서 생각을 나눈 후에 다시 타이머를 돌리고 5분 동안 책을 읽게 합니다. 처음에는 부모님이 타이머를 설정해 주고 점점 아이 스스로 타이머를 사용해 10분 동안 집중해서 책을 읽도록 하면 자발적 독서를 위한 한걸음이 될 거예요.

10분이라는 시간이 책을 읽기에 짧은 시간이라고 생각하기 쉽지만 자주 습관적으로 하다 보면 금방 책 한 권을 완독하게 됩니다. 책 읽을 시간이 없다는 말은 정말 핑계에 불과하다는 것을 실감하게 될 거예요. 아이와 함께 자투리 독서를 한다면 서로 읽는 책이 무엇인지 살펴보고, 다 읽고 나서는 어떤 점이 좋았는지 간단하게라도 느낌을 나눈다면 그보다 멋진 '독서대화'는 없을 거예요. 독서를 너무 어렵게 생각하고 짐으로 느낀다면 아무것도 할 수 없답니다. 최소한의 노력으로도 조금만 관심을 기울인다면 부모도 자녀도 평생 독서가로 성장하는 삶을 살아갈 수 있습니다.

☑ 독서 환경 만들기

'책 읽는 부모가 책 읽는 아이를 만든다'라는 말이 있듯이 책 읽으라는 백 마디 말보다 책을 읽는 모습을 보여 주는 것이 제일 좋은 독서교육일 거예요. 하지만 집에서 책을 즐겨 읽는 부모님 중에는 "우리는 책 읽는 모습을 많이 보여 주는데 아이는 잘 읽으려 하지 않아요." 하는 분들도 있더군요. 그럴 때는 내 아이에게 어떻게 하면 책읽기의 재미를 경험하게 해 줄 것인가가 가장 큰 숙제겠지요.

대부분 가정에서는 부모가 책을 읽으면 아이들이 자연스럽게 책을 받아들이고 즐겨 읽는 것을 볼 수 있어요. 내 아이가 책을 좋아하고 많이 읽기를 바라면서도 정작 부모 자신이 책 읽는 것을 부담스러워 합니다. 성장하면서 독서 경험이 부족했던 탓도 있고 공부하고 취업하고 결혼하면서 독서에 동기와 흥미를 느끼지 못했거나 그야말로 책을 읽을 여유와 시간이 없었기 때문이기도 하지요. 아이에게 "책 읽어라!" 말을 하려니 정작 자신도 읽지 않아서 그 말조차 입속에서 맴돌고 마는 분도 있을 거예요.

저는 초등학교 때까지는 집에 읽을 만한 책이 한 권도 없었어요. 심심해서 우연히 들어간 시골의 작은 학교 도서실에서 책에 눈뜨기 시작했습니다. 그러다가 중학생 때 나이 차이가 많이 나는 언니가 책장사의 상술에 넘어가 세계문학전집을 덜컥 사고 말았어요. 그때 세계문학전집을 읽지 않았다면 제 인생이 많이 달라졌을 거라 생각해요. 우선 평생 독서가가 되었고, 책으로 수많은 도전과 위로와 꿈과 배움을 이룰 수 있었으니까요. 중학교 때 우연히 접한 세계문학전집이 저의 성장기 유일한 독서환경이었고 제 인생에 큰 거름이 되어 주었다고 생각해요.

부모님이 책에 관심이 없어서 아이에게 책 한 권 사 주지 않아도 선천적으로 책에 끌리는 아이들이 있어요. 기질이나 성격상 쉽게 책에 끌리는 아이들은 스펀지가 물을 흡수하듯 무서운 집중력으로 책을 섭렵해 나갑니다. 마음만 먹으면 책을 구할 수 있는 도서관이 가장 가고 싶은 놀이터가 되지요. 지방에서 명문대에 가는 학생들 중에는 어릴 때부터 책벌레였던 아이들이 많습니다. 수도권에 비해 대학 준비 환경이 열악한데도 치열한 경쟁을 뚫고 명문대에 입학할 수 있는 것은 바로 독서력이 바탕이 되어 있기 때문이지요.

하지만 이런 아이들은 드물어요. 대부분의 아이들은 환경의 영향을 받습니다. 그래서 독서환경을 마련해 주어야 하는데, 최고의 독서환경은 다름아닌 부모가 책을 가까이 하는 모습을 보는 것입니다. 제가 세계문학전집으로 평생 독서가가 되었던 것처럼 아이를 위해 재미있다는 권장도서들을 집에 채워 놓으면 되지 않을까요? 그게 말처럼 쉽지 않은 것이 바로 휴대폰이 있기 때문이에요. 저는 중학교 때 이사를 가는 바람에 주변에 놀 친구가 없었고 하도 심심해서 꺼내 들었던 책이 바로 세계문학전집이었거든요. 하지만 요즘 아이들은 심심할 겨를이 없지요. 스스로 책을 꺼내 몰입해서 읽기 참 힘든 환경이에요. 그래서 아이가 책을 읽을 수 있도록 다양한 방법을 시도해 보는 것이 좋아요. 무엇보다 부모가 먼저 책을 읽는 가정환경은 아이가 책을 좋아하도록 이끄는 가장 중요한 조건입니다.

독서가 부담스러운 부모의 초보독서는 어디서부터 시작하는 것이 좋을까요? 아이들과 마찬가지로 자신의 독서 수준과 좋아하는 분야를 고려해 시작하는 것이 좋아요. 두꺼운 책이 부담스럽다면 얇은 책으로 시작하세요. 어른들 책이 어렵다면 청소년 문학에서 시작하면 되고 초등학교 고학년 수준의 책 중에서도 쉽게 읽히는 재미있는 책이 정말 많습니다. 그림책도 아이에게만 권하지 말고 먼저 읽어 보세요. 그림책의 매력에 금방 빠질 거예요. 그림책에 그려진 그림들의 작품성과 예술성, 그림책에 쓰인 문장들의 리듬감과 함축성을 느낄 수 있다면 이미 완벽한 독자라고 할 수 있어요. 여러 종류의 책을 탐독하다 보면 아이의 입장에서 책을 읽는다는 것이 어떤 의미인지를 체득할 수 있지요. 그리고 독서의 시작은 바로 '재미'라는 것을 알게 됩니다.

• **책 읽기를 시작하는 부모님을 위한 책**

동화책		장편소설		그림책
초정리편지	긴긴밤	내 영혼이 따뜻했던 날들	내 심장을 쏴라	프레드릭

2장

내 아이를 위한 맞춤 독서 전략

☑ 책과 멀어지게 만드는 부모의 언어습관

"우리 아이는 책읽기를 싫어해요!" 하며 하소연하는 학부모님이 꽤 많습니다. 특히 4학년이 고비라는 생각이 들 정도로 3, 4학년이 되면 부모들은 아이들과 책 읽는 문제로 씨름하는데요. 아이들이 책을 멀리하는 데는 여러 가지 이유가 있지만 우리 어른들의 사소한 한 마디가 크게 영향을 미칠 수 있습니다. 독서를 질리게 하는 부모의 말과 행동에는 어떤 것이 있을까요?

❶ "숙제는 했니? 숙제 다 하고 읽어라!"

– 책에 몰입한 순간을 방해하지 마세요.

수민이는 학교에서 읽다 만 《레 미제라블》이 너무 재미있어서 저녁을 먹자마자 마저 읽고 있었어요. 장발장이 코제트를 수도원에 숨겨 주는 장면에서는 잡힐까 봐 조마조마했어요. 책에 푹 빠져서 읽고 있을 때 엄마가 갑자기 "숙제는 했니? 숙제 다 하고 읽어라!"라고 하십니다.

수민이는 책에 집중해 있었기 때문에 엄마의 말을 처음엔 못 들었어요. 엄마가 두 번 이야기하셨을 때는 책에서 눈을 뗄 수가 없었어요. 뒷이야기가 너무나 궁금했기 때문이에요. 드디어 화가 난 엄마는 소리를 지릅니다. 숙제를 하지 않고 책을 읽는다는 질책과 엄마가 부르는 소리에 한 번에 대답하지 않고 엄마를 무시했다는 잔소리가 이어졌지요. 수민이는 재미있게 읽던 책 때문에 엄마를 화나게 했다는 죄책감과 책의 감동이 갑자기 끊겨 맥이 빠지고 말았어요.

이런 경험을 아이가 여러 번 하게 되면 책을 좋아할 수 없게 됩니다. 편안하게 책을 읽을 수 없어서 몰입할 수가 없기 때문이지요. 눈치껏 건성건성 읽게 되면서 책의 재미를 잃기 쉽습니다. 방이 어질러져 있어도, 숙제가 남아 있어도, 심부름을 시키고 싶어도 아이가 몰입해서 책을 읽고 있다면 절대로 방해하지 말아야 합니다. 숙제는 항상 학교에서 오자마자 하도록 습관을 들여 주세요. 책에 몰입하기 전에 숙제를 챙기면 아이의 독서를 방해하는 실수를 피할 수 있습니다.

❷ "텔레비전 그만 보고 책 좀 읽어라!", "게임 그만하고 책 좀 읽지 못하겠니?"

– 아이의 욕구를 존중해 주세요.

만세는 요즘 〈놀면 뭐하니?〉라는 프로그램에 푹 빠져 있습니다. 토요일 오후 6시만 되면 텔레비전 앞에 자리를 잡고 앉습니다. 리모컨도 누가 채가지 못하게 손으로 꼭 움켜쥐고 볼 정도예요. 바로 그때 위기가 찾아옵니다. 아빠의 엄한 목소리!

"너는 맨날 텔레비전만 보고 그래서 되겠나? 네 방에 가서 책 좀 보지!"

"이것만 보면 안 돼요? 진짜 재미있는데…."

"안 돼!"

만세는 아빠의 단호한 한마디에 더 조르지 못하고 일어설 수밖에 없습니다. 책 때문에 재미있는 프로를 못 보다니 '책이 도대체 뭐 길래?' 하는 원망이 생깁니다. 분하고 억울한 만세는 책이 정말 싫어집니다.

독서를 억지로 강요하면 아이는 책과 더 멀어집니다. 더구나 재미있게 놀거나 먹거나 쉬고 있을 때 책을 읽으라고 억지로 강요한다면 아이는 자기도 모르는 사이에 책을 적으로 만들게 되지요. 게임도 마찬가지예요. 책 때문에 게임을 중단시키는 것이 아니라 정해진 게임 시간이 지났으니 게임을 끝내야 한다는 습관을 키워야 합니다. 좋아하는 것은 충분히 누리고 즐길 수 있도록 배려한 후 책을 읽도록 해야 책에 몰입할 수 있습니다.

❸ "책 읽었으면 독후감 써야지!"
– 독후 활동은 아이가 원하는 것을 하게 해 주세요.

지혜는 독서기록장을 쓰고 있습니다. 지혜가 5학년이 되었을 때 이제 고학년답게 독서를 해야 한다며 엄마가 사 주신 거예요. 엄마와 정한 규칙은 책을 읽을 때마다 독서기록장을 써야 하며 10번을 쓰면 맛있는 것을 사 주신다는 것이었어요. 처음에 10번이 되었을 때는 피자를 사 주셨습니다. 그런데 신기하게도 10번의 목표를 한 번 채우고 나니 하기가 싫어졌어요. 다시 10번을 채우기가 너무 힘들게 느껴졌기 때문이에요. 더구나 책을 읽으면서도 독서기록장에 적어야 한다는 부담감에 책에 집중이 잘 되지 않았어요.

독서기록장은 다양한 독후 활동 중 하나에 불과합니다. 그런데 부모님들은 독서기록장을 아주 중요하게 생각합니다. 아이가 즐겁게 기록하는 즐거움으로 독서기록장을 채워 간다면 문제 될 게 없지만 누가 시켜서 마지못해 쓰는 독서기록장은 독서를 질리게 만듭니다.

❹ "그 책을 읽고 무엇을 느꼈니?", "그래서 너는 어떤 교훈을 얻었니?"
– 아이의 독서에 지나치게 개입하지는 않나요?

민경이는 《한심한 친구들의 묘기》(모카, 바람의아이들)를 읽었어요. 2학년인데도 제법 글이 많은 책을 한 번에 집중해서 읽는 모습이 신기했던 엄마는 민경이에게 질문을 퍼붓습니다. 제대로 읽었는지 확인도 하고 싶고 책 내용을 되새기게 하고 싶은 엄마는 민경이에게 말을 걸어 봅니다.

"우리 민경이 책 정말 열심히 잘 읽네!"

"네, 너무너무 재미있어요!"

"그래! 그 책을 읽고 나서 무엇을 느꼈어?"

"시드니가 호랑이 친구 라자랑 헤어지는 것이 슬펐어요."

"왜 헤어졌어?"

엄마의 질문은 끝도 없이 이어집니다. 엄마가 먼저 책을 읽었더라면 민경이를 귀찮게 하는 질문보다는 적절한 질문으로 책을 읽은 후의 마음을 잘 정리할 수 있었을 거예요. 엄마의 과도한 질문이 책에 대한 흥미를 떨어뜨린다는 것을 명심했으면 해요. 엄마의 일방적인 질문보다는 서로 질문하고 대답하는 재미있는 대화가 독서의 즐거움을 지속시키거든요.

❺ "똑바로 앉아서 읽어라!"

– 책을 읽을 때 자세는 중요하지 않아요.

민희는 요새 《고양이 학교》(김진경, 문학동네) 시리즈를 친구들과 돌려 읽고 있어요. 평소 고양이를 좋아해서 동네에 고양이만 나타나면 그냥 지나치지 못했던 민희는 이 책을 무척 재미있게 읽고 있습니다. 침대에 엎드려서 책을 읽고 있는데 엄마가 "똑바로 의자에 앉아서 읽어라!"라고 하십니다.

책에는 모험이 가득하고 고양이의 표정이 실감나게 묘사되어 있어, 이런 책은 왠지 책상에서 읽고 싶지 않습니다. 엄마가 나를 그냥 내버려 두었으면 좋겠어요. 내 나름대로 책을 읽으며 집중할 수 있도록 말이죠.

책이 가지고 있는 특성을 아이들은 피부로 더 빨리 느낍니다. 아이들의 세계는 결코 단순하지 않아요. 아이들도 책마다 가지고 있는 느낌과 생각에 충실할 수 있습니다. 그럴 때 어떤 자세로 읽느냐는 그렇게 중요한 문제가 아니에요. 아이가 책을 즐기며 읽는 순간을 방해하지 마세요. 부모가 아이랑 같이 엎드려서 책을 읽거나 벽에 기대어 다리를 쭉 펴고 읽거나 소파에 편안한 자세로 앉아 책을 읽고 있다면 그것만으로도 멋진 장면이라고 생각해요.

❻ "그런 책을 왜 읽니?"

– 책 읽는 목적을 성적과 관련짓지 마세요.

6학년이 되고부터 진경이는 엄마와 다툼이 잦아졌습니다. 진경이의 말이나 행동, 습관 하나하나까지 간섭하시기 때문이지요. 이제 곧 중학생이 될 테니까 그에 맞는 생활을 하라는 잔소리가 느셨어요. 읽고 있는 책도 공부에 도움이 되는지 안 되는지 판단하기 시작하셨어요. 한번은 짝꿍이 보고 있었던 《나의 직업 연예인》(꿈디자인LAB, 동전출판)이라는 책을 빌려와 읽고 있는데 엄마가 "그런 책을 왜 읽니? 네가 연예인이 될 것도 아니면서! 권장도서나 좀 읽지!" 하는 바람에 책을 읽고 싶은 마음이 싹 사라져 버렸어요. 친구들과의 대화가 온통 연예인 이야기라서 나도 좀 알고 싶은데 엄마는 오로지 공부에 도움이 되는 책만 보라고 하십니다. 왠지 엄마에게 조종당하는 인형 같아서 엄마가 보라는 책은 읽기 싫어집니다.

고학년이 되면 부모와 아이가 갈등을 많이 겪습니다. 이제 곧 중학생이라는 생각에 조바심도 나고 공부를 열심히 하지 않는 모습이 성에 차지 않아서 잔소리가 늘지요. 그렇지만 그런 잔소리는 아이의 성장을 가로막고 아이와의 관계까지 좋지 않은 영향을 미칩니다. 그런 집안의 분위기에서 책이 잘 읽힐 리 없어요. 아이가 듣는 둥 마는 둥 신경도 쓰지 않는 잔소리는 부모와 아이와의 관계를 피곤하게 하며 더 멀어지게 하므로 차라리 안 하는 것이 더 낫습니다.

❼ "사 준 책은 다 읽었니?" "집에 있는 책 다 읽으면 사 줄게."

– 부모의 틀에 아이의 독서력을 가두지 마세요.

영진이 집에는 책이 아주 많이 있습니다. 영진이가 어렸을 때부터 엄마가 전집을 많이 구입해 놓아서이지요. 영진이가 어렸을 때는 엄마가 책을 자주 읽어 주시고는 했는데 2학년이 되고부터는 엄마는 집안일로 바쁘니 혼자서 읽으라고 하십니다. 그리고 전집 중에 얼마나 읽었는지 항상 물어보세요. 책을 안 읽은 날은 엄마의 눈치가 보입니다.

영진이는 도서관에서 본 책 중에서 갖고 싶은 책이 있어서 엄마한테 사달라고 했어요. 그런데 엄마가 "집에 있는 거 다 읽으면 사 줄게!" "전에 엄마가 사준 것도 아직 안 읽었잖아!"라고 하셔서 실망했어요.

'언제 저 책을 다 읽지?' 영진이는 저절로 한숨이 나옵니다.

집에 있는 전집에도 좋은 책이 많이 있을 것입니다. 그러나 지금 영진이의 상황으로 봐서 영진이는 책에 질릴 게 뻔합니다. 엄마가 가지고 있는 틀에 아이의 독서력을 가두지 말고 아이를 믿어 주고 아이가 책을 스스로 고를 수 있는 기회를 많이 주어야 합니다.

아이가 독서에 질리지 않도록 부모가 좀 더 여유를 가지고 아이를 대해야 합니다. 그리고 항상 "책 읽어라"라는 명령어보다는 "책을 함께 읽자"라는 요청하는 말을 해 주세요. 책을 읽는 모습을 보고 칭찬하는 말도 "책을 읽는 모습이 보기 좋네"라는 말도 좋지만 "너랑 함께 읽으니 엄마가 더 행복해지네"라는 말이 아이의 책에 대한 사랑에 불을 지핍니다. 책이 아이들에게 더 가깝게 느껴질 수 있도록 말 한 마디 지혜롭게 건네 보세요.

☑ 편독은 나쁜 걸까?

저는 아들이 아기였을 때부터 책을 많이 보여 주었어요. 손에 쏙 잡히는 장난감 같은 작은 책을 사서 아이와 놀기도 하고 그림 카드를 보여 주며 혼자 묻고 답하면서 함께 놀았지요. 그래서 그런지 아들은 다른 아이들에 비해 언어 발달이 무척 빨랐어요. 말을 하게 되면서 그림 카드에 대한 물음에 답을 할 수 있게 되었고 지금은 절판된 오토모 사치코의 《아가용 깐돌이》와 《꾸러기 깐돌이》(지경사)를 반복해서 읽어 주면 어느새 리듬을 타면서 혼자서 읽더군요.

유아기의 독서 경험이 초등학교까지 이어져 책을 좋아하는 아이가 되었고 다양한 책을 읽으며 성장했어요. 그러다 초등학교 6학년 때 만화책에 꽂혀 버렸어요. 처음에는 이문열이 쓰고 이희재가 그린 《만화 삼국지》(아이세움)를 탐독하더니 허영만의 《식객》(김영사)으로 발전했어요. 그러다가 비디오 대여점에서 만화책을 빌려 오기 시작하더군요. 《미스터 초밥왕》(테라사와 다이스케, 학산문화사) 《21세기 소년》(우라사와 나오키, 학산문화사) 등 10년이 넘은 만화책 이름을 제가 기억하고 있을 정도니 만화책이 들어 있는 까만 비닐봉지가 거의 매일 아들 손에 들려 있었다고 해도 과언이 아니었어요.

아들은 특히 《미스터 초밥왕》을 좋아했어요. 험난한 역경을 뚫고 주인공이 초밥왕이 되어가는 과정, 그리고 생선회를 뜨는 실감나는 묘사, 맛에 대한 찬사들을 달달 외웠으니 보통 좋아한 게 아니죠. 어느 날 아들과 산책을 하는데 우리가 나누는 대화를 우연히 엿들은 지나가던 할머니께서 "아들이 아직 어린데 요리사 시험을 치느냐"고 물어보실 정도였어요.

다독을 하던 아이가 어느 날 갑자기 이렇게 만화책을 편독하기 시작했는데, 만화책의 재미에 푹 빠져 있는 아들을 저는 그냥 두었습니다. 비디오대여점의 만화란 만화를 다 본다고 해도 말릴 수 없었어요. 해야 할 분량의 공부를 다 마쳐 놓고 보기도 했거니와 만화책을 너무나 좋아했기 때문이에요. 심지어 저에게 소개해 주기에 같이 보고 만화책과 관련된 대화도 많이 나눴어요. 어떤 만화책은 주제가 심오하기도 하고 또 어떤 책은 작가의 아이디어가 돋보이기도 해서 내용만 피상적으로 주고받은 대화가 아니라 작가에 대해 그리고 스토리 구성에 대해 어떤 때는 토의하기도 하면서 서로 다른 생각을 주고받는 등 속 깊은 대화를 나누었던 것 같아요. 성장기에 아들과 만화책을 매개로 더 가까워지고 대화를 많이 나눴던 기억은 이제 좋은 추억으로 남아 있어요.

사실 저는 만화책을 그다지 좋아하지 않아요. 만화책을 읽으면 글과 그림을 동시에 봐야 해서 산만하고 집중이 잘 안 되기 때문이에요. 책을 몰입해서 읽다 보면 홀린 듯이 읽는 느낌이 드는데, 만화에서는 그런 읽기의 즐거움을 느끼기가 어렵더라고요. 저는 이미지가 주어지는 것보다 스스로 이미지를 그리며 작가가 만들어

놓은 언어의 유희를 즐기는 편을 더 좋아해요. 만화책을 좋아하는 사람도 나름의 이유를 가지고 있겠지요. 그래서 저는 편독을 취향의 문제라고 생각하는 편이에요.

독서를 음식에 비유해서 골고루 먹는 것이 좋다든가 편식이 몸에 좋지 않은 것처럼 편독이 정신 건강에 좋지 않다는 주장을 하는 사람도 있습니다. 저 또한 골고루 음식을 먹으면 건강에 더 좋은 것처럼 책도 다양하게 읽으면 더 좋다는 생각에 동의합니다. 만화책에 빠진 아들을 보면서 읽히고 싶은 책이 있을 때는 안타깝기도 했어요. 만화책에 빠져 있으니 엄마가 권하는 책을 마지못해 읽기는 하지만 몰입해서 읽는지 알 수가 없어서 불안하기도 했지요. 아마 대부분의 학부모가 저와 같은 심정일 거예요.

편독의 경향은 만화책만 보는 경우, 소설만 읽는 경우, 과학책만 읽고 동화책은 쳐다보지도 않는 경우 등 다양하게 나타납니다. 특히 요즘 아이들 중에는 어느 정도 크면 《WHY?시리즈》(예림당)만 보는 아이들도 많지요. 학습 만화라서 책 읽으라는 엄마의 잔소리를 당당하게 피하는 방편으로 많이 읽는 책이에요. 다른 책을 읽히고 싶다가도 과학에 대한 정보가 많이 들어간 책이라 뭐라도 읽고 있다는 안도감에 부모들은 타협을 하고 말지요.

만화에 푹 빠진 5학년 여학생이 있었어요. 수업 시간에도 수업 활동에는 관심이 없고 오직 만화책만 보려고 하는 바람에 지도하기가 무척 힘들었어요. 수업 시간에는 만화책을 읽지 말라고 해도 어느새 보고 있는 거예요. 주로 역사 만화를 보았는데 5학년 2학기가 되자 아이가 실력을 발휘하기 시작합니다. 사회 교과의 내용이 역사였거든요. 역사 관련 질문에 막힘없이 대답하면서 아이의 수업 태도가 바뀌기 시작했어요. 사회 시간뿐만 아니라 다른 교과 시간에도 만화책을 보지 않고 수업에 참여하기 시작하더군요. 나중에는 역사 만화 대신 어른들이 읽는《설민석의 조선왕조실록》(세계사)를 읽어냈습니다.

만화책에 대해서 다양한 표현을 접할 수 없어 문장에 대한 깊이를 느낄 수 없다든가 이미지가 다 주어지기 때문에 상상력이 발휘될 수 없고 어휘의 수준이 낮다는 등 비판이 만만찮습니다. 그렇기도 하지만 적절히 활용하면 만화는 다른 책을 읽기 위한 마중물 역할을 톡톡히 해내기도 합니다.

아이가 과학책만 주구장창 읽는 경우도 부모는 걱정입니다. 과학책을 읽는 것은 문제가 되지 않는데 다른 책을 읽으려고 하지 않을 때 아이가 정서적인 균형을 잃을까 봐 걱정하는 것이지요.

아이의 독서가 어느 한 쪽으로 치우쳤다는 생각이 들 때 신중한 판단이 필요합니다. 자칫하면 아이의 독서 취향에 상처를 주어 아예 책을 멀리 하게 만들어 버릴 수도 있고, 부모의 요구에 의해 다양하게 읽는다고 하더라도 책의 즐거움을 억지로 경험하게 할 수는 없기 때문이에요.

편독에 대한 처방으로 저는 아이에게 마음 편히 책을 읽는 시간을 많이 줄 것을 당부하고 싶습니다. 우선 책을 편히 읽을 수 있는 시간을 넉넉하게 확보한 다음, 아이가 좋아하는 책을 실컷 읽게 하고 나머지 시간을 아이와 독서대화를 나누며 다른 책으로 자연스럽게 유도해 보는 것이지요. 과학책, 그림책만 읽으려 하는 아이에게도 그렇게 접근해 보세요. 아이의 취향을 충분히 존중한 후에 다른 책에 호기심을 갖고 읽을 수 있도록 이야기를 나누며 권해 봅니다. 그래도 읽지 않으려 한다면 다양한 체험으로 다른 분야에도 호기심을 갖도록 유도해 보세요. 예를 들어 박물관이나 전시회에 가 본다든지 작가와의 만남을 갖는 것도 좋겠습니다.

부모가 먼저 읽고 생생한 느낌과 감동을 전하며 다른 책을 권하는 노력도 필요합니다. 그래서 저는 학부모들에게 아이가 읽는 책을 먼저 읽어 보기를 권합니다. 어른이라는 마음을 내려놓고 동심으로 돌아가서 읽는 어린이 책 한 권이 커다란 힐링이 될 수도 있습니다. 작가가 쓴 다른 책도 읽어 보면서 아이가 좋아하는 작가의 책을 수집할 수도 있지요. 부모가 함께 읽는 책만큼 아이에게 더 쉽게 다가가는 책은 없다는 것을 기억했으면 합니다.

결론은 아이의 편중된 독서 취향에 대해 너무 걱정하지 말자는 겁니다. 어느 한 분야에 대한 몰입은 자신만이 느낄 수 있는 희열을 가져다줍니다. 그 기쁨을 부모와 나누고자 하는 것은 너무나 자연스러운 현상입니다. 아이가 편중된 독서를 하더라도 책 한 권을 갖고 다가올 때 충분히 지지하고 함께해 주세요. 그럴 때 아이의 취향이 평생 독서의 원동력이 될 수 있습니다. 아이가 편독할 때 내 아이만의 전문성을 가지려고 하는 좋은 신호라고 포착하되 다양한 경험을 통해 다른 분야에 대한 호기심도 느끼도록 해 준다면 아이는 스스로 길을 찾아갈 것입니다.

☑ 지나치게 산만한 아이를 위한 독서 처방전

"아이가 너무 산만해요! 5분을 가만히 앉아서 책 읽는 것을 못 봤어요."

"책 읽다가 딴짓을 너무 많이 해요!"

"집중력이 왜 이렇게 약한 거죠? 수업 시간에는 괜찮나요?"

"게임을 할 때는 옆에서 불러도 모르고 하는데 공부를 하거나 책을 볼 때는 잠시를 가만히 못 있어요."

"집중해서 읽지 않으니 책에 대한 재미를 모르는 거 같아요. 그래서 놀 생각만 해요."

요즘 아이가 너무 산만해서 걱정이라는 학부모가 많습니다. 심지어 주의력결핍과잉행동장애ADHD를 의심하여 검사를 의뢰하는 분도 적지 않은데요. 주의력이 산만하기 때문에 학교에서도 선생님에게 지적을 많이 받으며, 집에서도 아이와 씨름하는 가장 큰 원인이 되기도 합니다. 주의력이 약한 아이들은 꾸중을 들어도 그때뿐인 경우가 많아서 한 귀로 듣고 한 귀로 흘리는 듯한 태도는 부모에게 양육 스트레스로 작용합니다.

집중력이 현저히 낮은 아이들은 학기 초에 금방 표가 납니다. 방금 배운 것을 물어도 대답하지 못하는 경우가 많아요. 생각이 한 곳에 집중되지 못하고 몸은 교실에 있으나 마음은 딴 데 가 있기 때문이지요. 아이 자신도 그런 사실을 자각하지 못하기 때문에 공부를 못하는 것이 자신의 머리가 나쁘기 때문이라고 생각하고 일찍 학습 의욕을 상실할 우려가 큽니다. 그것은 결국 자신감 상실로 이어져 다른 모든 행동에 영향을 미치게 됩니다.

그래서 산만한 아이들은 일찍부터 원인을 찾아내 처방하여 집중력을 길러 학습에 대한 자신감을 갖게 해 주어야 해요. 주의력결핍과잉행동장애가 있는 아이도 다양한 치료 방법으로 도우면 몰라볼 정도로 주의력이 향상되어 평범했던 아이들보다 더 뛰어난 성취를 보이기도 합니다. 더구나 모든 학교 교육은 읽기와 말하기, 듣기가 출발점이며, 삶의 기본이 되는 능력이기 때문에 산만한 아이들이 재미있고 의미 있는 독서 활동을 경험할 수 있도록 특별히 신경써야 합니다.

첫째, 산만한 아이들에게는 부모가 책을 많이 읽어 주어야 합니다. 부모가 책을 읽어 주면 아이들은 온 몸과 마음을 기울여 듣기 때문에 오감을 자극하고 발달시킵니다. 꾸준히 책을 읽어 주면 듣기 능력이 좋아져 수업 시간에 선생님 말을 놓치지 않고 들을 수 있게 됩니다. 핵심을 파악하는 능력이 커지고 그것은 곧 칭찬으로 이어져 자신감이 자라납니다. 또 꾸준히 책을 읽어 주면 말하는 능력도 같이 좋아져서 양질의 대화를 하고, 다른 사람 앞에서 자신의 생각을 나타내는 데 적극적인 태도를 갖게 됩니다.

산만한 아이에게 책을 읽어 줄 때는 다른 아이들보다 좀 더 강한 자극을 줘야 집중할 수 있습니다. 구연동화처럼 실감나게 읽어 주고 과장되게 표현하면서 아이가 들을 때 다른 곳으로 한눈 팔지 않도록 주의해야 합니다. 아이가 재미있어 하는 부분은 반복해서 읽어 주고, 흉내 낼 수 있는 곳은 함께 온 몸으로 흉내 내기를 하며 읽는 것도 좋습니다. 의성어가 있는 곳은 아이에게 기회를 주어 표현하도록 한 후에 칭찬을 듬뿍 해 주세요. 시간은 10~15분 정도에 끝내도록 하세요. 적극적인 읽기를 해 줘야 하기 때문에 10~15분이면 아마 더 많이 읽기도 힘들 거예요. 책 읽어 주기는 저학년에만 해당되는 이야기가 아닙니다. 고학년이 되었는데도 산만하다면 책을 읽어 주는 것이 좋습니다.

전래동화와 같이 기승전결이 뚜렷한 이야기가 집중하기에 좋은 책입니다. 또 대화글이 많은 책, 자신들의 이야기가 담겨 있는 흥미있는 책을 읽어 주도록 하세요. 매일 일정한 시간과 장소를 정해서 읽어 주면 더 집중해서 들을 거예요. 산만한 아이일수록 생활 패턴이 규칙적이고 일관성이 있어야 하며 주변 환경도 단순한 편이 도움이 됩니다. 이것이 습관이 되면 아이가 먼저 책을 고르기도 하고 미리 기다리기도 하는 등 태도가 서서히 바뀔 거예요. 동기가 부여되고 흥미가 생기면 아이의 산만한 태도는 점점 줄어들게 되어 있습니다. 포기하지만 않는다면요.

하버드대 연구팀이 미국의 저소득층 가정(약 430가구)을 대상으로 아빠가 책을 읽어 주는 가정과 엄마가 책을 읽어 주는 가정으로 나눠 책 읽어 주기와 인지 발달 간의 상관관계를 조사하였는데요. 연구 결과 아빠가 책을 읽어 준 가정의 아이들이 독서 효과가 더 높게 나타났습니다. 비슷한 연구로 옥스퍼드대 연구팀의 연구에서도 아빠가 책을 읽어 준 아이들이 읽기 성적이 높게 나타났고 정서적인 문제를 겪을 확률 또한 낮았다고 합니다.

아빠가 아이의 경쟁력이라는 말을 많이 합니다. 아빠가 가사와 육아를 같이 할 때 더 많은 시간, 양질의 시간을 아이와 함께 할 수 있기 때문입니다. 당연한 말인 것 같지만 아직도 우리 사회는 가사와 육아를 엄마 혼자 힘들게 해내는 가정이 많습니다. 엄마 혼자 집안일을 하기에는 너무나 벅차기 때문에 집안일을 하고 난 다음에는 녹초가 되고 말지요. 피곤해서 쉬고만 싶기 때문에 아이에게 아무것도 해 줄 수 없고 그저 아이가 혼자서 공부하고 책 읽기만을 바라게 됩니다. 아이 스스로 공부하고 책을 잘 읽는다면 얼마나 좋을까요? 산만한 아이들은 그것이 제일 힘겨운 일이기에 엄마, 아빠의 공동 독서 육아가 절실합니다.

유시민, 박경철 그리고 얼마 전에 타계하신 신영복 선생님이 쓴 글을 보면 어린 시절에 아버지나 할아버지의 영향을 많이 받고 자랐는지 알 수 있습니다. 어린 시절 아버지에게 받은 영향이 평생 책을 즐겨 읽고 대중에 영향을 끼칠 수 있는 책 쓰기를 하는 원동력이 되었다는 것이죠. 이제부터 아이에게 책 읽어 주는 역할은 아빠가 확실하게 담당하고 실천해 보는 것은 어떨까요?

둘째, 아이가 책을 읽을 때 큰 소리로 읽게 하는 것입니다. 사극에서 아이들이 서당에서 훈장님과 책을 읽는 모습을 보면 하나같이 바른 자세로 몸을 흔들며 큰 소리로 책을 읽습니다. 예로부터 담 너머로 아이의 책 읽는 소리가 들리는 집 안은 크게 된다고 하였습니다. 아이에게 읽기 자신감을 키우고 집중력을 기르기 위해 큰 소리로 읽게 해 봅시다.

부모가 먼저 읽어 준 책을 읽게 하면 부모가 읽어 주었던 억양과 느낌을 살려서 읽게 되고 이미 읽은 책이라 충분히 이해하면서 읽기 때문에 집중력이 몰라보게 높아집니다.

셋째, 책을 읽히기 전에 책을 먼저 훑어보게 하세요. 먼저 책의 표지를 살펴보게 합니다. 겉표지부터 속표지까지 천천히 살펴본 다음 제목, 목차를 보고 어떤 내용일지 예상해 보고 내용을 상상하게 해 봅니다. 그런 다음 가볍게 내용을 살펴봅니다. 상상한 내용과 일치할지 다시 한 번 예상한 후에 그 책을 읽고 싶다고 하면 읽게 하고 다음에 읽고 싶다고 하면 다음으로 미루세요. 산만한 아이에게 억지로 읽도록 하는 것은 아무 소용이 없습니다. 읽고 싶을 때 읽게 하되 마중물의 경험으로 책에 대한 동기와 흥미를 부여하여 스스로 읽게 하는 것이 좋습니다. 스스로 고른 책을 읽게 하는 것도 집중력을 가지고 책을 읽는 데 도움이 됩니다.

책을 읽는 시간도 길지 않게 하고 아이가 지쳤다는 생각이 들 때는 즉시 쉬게 하세요. 그리고 산만한 아이는 처음에는 책 읽는 시간보다 읽은 책을 가지고 이야기를 나누는 시간을 길게 가져 보세요. 질문에는 충실히 답해 주고 부모도 책에 대해 관심 어린 질문을 던져 아이가 건성으로 읽지 않도록 길잡이 질문을 자주 던지도록 합니다.

산만한 아이에게 책 한 권은 또래 다른 아이들에 비해 버겁게 느껴질 수 있습니다. 그런 아이를 볼 때 답답한 마음도 많이 들 거예요. 주의력 산만을 오히려 책 한 권으로 치료한다 생각하고 급한 마음, 욕심을 버리고 다가가야 합니다. 책 한 권을 읽히고 싶은 부모의 욕심으로 아이를 다그치면 아이는 눈치를 보면서 읽기 때문에 더 산만한 행동을 하게 됩니다. 그러니 아주 작은 성취라도 크게 칭찬해 주세요. 책읽기가 행복한 경험이 되게 하는 것이 무엇보다 중요합니다.

☑ 쉬운 책만 찾는 아이를 위한 독서 처방전

5학년 동현이가 거실에서 책을 읽고 있네요. 동현이 엄마는 동현이가 2학년이었을 때 독서의 중요성을 깨닫고 거실의 텔레비전을 치우고 책장을 들여 아이의 책으로 채워 나갔어요. 커다란 책장에 동현이가 2학년부터 읽어왔던 책들이 어마어마하게 꽂혀 있습니다.

동현이 엄마는 초등 엄마들의 인터넷 독서 카페에서 정보를 얻고 있는데요. 그곳에서 좋다 하는 전집과 단행본들을 사서 읽혔어요. 거실에서 책을 읽고 있던 동현이가 시간이 얼마 지나지 않았는데 일어납니다.

"책 세 권 다 읽었니?"

"네!"

"아니, 벌써?"

동현이 엄마는 동현이가 읽었다는 책을 확인해 봅니다.

"아니, 이 책은 저번에도 읽은 책이잖아! 아직 안 읽은 책도 많은데 언제 다 읽을래?"

동현이는 자꾸 저학년 때 읽었던 책을 꺼내 읽습니다. 매일 세 권 읽으면 게임을 할 수 있는데 저학년 때 읽었던 책이 금방 읽히기 때문이에요.

아이가 쉬운 책만 읽는 데는 여러 가지 원인이 있습니다. 동현이처럼 엄마와의 약속을 빨리 끝내기 위해 쉬운 책을 읽는 경우도 그 중 하나입니다. '책만 읽고 나면 뭐든지 할 수 있다'는 암묵적인 약속이 있으면 아이들은 독서에 집중하지 않고 오히려 좋아하는 것을 하기 위해 독서를 이용합니다. 고학년일수록 그런 일이 생길 수 있으니 잘 살펴보아야 해요.

책을 읽은 후 아이가 좋아하는 무엇인가를 보상으로 하게 해 주는 것은 책읽기에 오히려 방해가 될 수 있습니다. 독서에 대한 보상은 책을 읽은 후 아이가 스스로 느끼는 감동과 기쁨, 그리고 지적 욕구를 충족시켰다는 충만감이지 부모가 줄 수 있는 것이 아니에요. 동현이 같은 경우가 아니라면 쉬운 책만 찾는 아이는 읽기능력에 문제가 있는 것은 아닌지 잘 관찰해 봅시다.

우리는 흔히 아이들에게 정독을 강조합니다. 글을 대충 읽지 말고 한 글자 한 글자 꼼꼼하게 읽으라고 지도하지요. 그런데 집중력이 부족하거나 읽는 속도가 더딘 아이인 경우 이렇게 읽게 하면 지치기 쉽습니다. 책을 읽다가 다음 줄을 찾지 못하고 지나쳐 버리기도 하고 다 읽고 난 후에도 전혀 내용을 이해하지 못하지요.

아이들의 읽기 능력을 향상시키려면 읽기 방식부터 고칠 필요가 있습니다. 독해력 향상 프로그램을 개발한 인터콕스의 김정아 콘텐츠 팀장은 "독해력의 관건은 읽기속도, 이해도, 정보활용 능력이라고 할 수 있다"며 "한 자 한 자 꼼꼼하게 읽는다고 해서 전체 내용까지 잘 파악할 수 있는 것은 아니다. 글을 빠르게 읽으면 뇌의 정보처리속도가 오히려 빨라질 수 있다"고 말했습니다. 여기서 말하는 빠르게 읽기는 속독에서 말하는 빨리 읽기fast reading가 아니라 빠르게 이해하기speed understanding입니다.

맛있는 리딩 언어연구소 홍주리 연구원은 읽기 속도를 높이기 위한 방법으로 단어를 덩어리로 묶어서 읽는 것을 제안합니다. 즉, 문장 길이 6cm 내에는 보통 4, 5개의 단어가 들어 있는데 한 단어씩 읽지 말고 6cm 정도를 한 덩어리로 하여 읽어 나가라는 거예요. 이것을 지속적으로 연습하면 읽기 속도가 향상되고 앞뒤 문장의 연관 관계 속에서 전체의 의미를 더욱 쉽게 이해할 수 있다고 합니다.

글을 느리게 읽게 되면 글을 읽는 도중에 딴 생각에 빠지기도 하고 집중을 하지 않기 때문에 책의 내용을 이해하지 못하며 지루한 독서가 될 가능성이 높습니다. 오히려 빠르게 읽을 때 뇌가 활성화되며 권태에서 벗어나 환경의 영향을 받지 않고 책에 몰입하게 되어 내용에 대한 이해도가 높아집니다.

독해력을 높이기 위한 빨리 읽기 방법으로 '의미 단위sense group

로 묶어 읽기'를 해 보세요. '의미 단위로 묶어 읽기'란 의미상 연관이 있는 구나 절을 묶어 읽는 것을 말합니다.《5차원 독서법과 학문의 9단계》(원동연, 김영사)에서는 한 번에 이해되는 의미 단위만큼씩 사선을 치면서 끊어 읽는 연습을 해 보라고 권합니다. 사선을 치면서 읽어 나가는 방법은 의미 단위를 확장시켜 단위 시간에 받아들이는 정보의 양을 최대치까지 끌어올릴 수 있도록 돕습니다.

방정환 선생님의 책《만년샤쓰》(길벗어린이)에 나오는 문장을 예를 들어 설명해 볼게요.

> 혹혹 부는 이른 아침에 상학종은 치고 공부는 시작되었는데 한 번도 결석한 일이 없는 창남이가 이 날은 오지 않았다.

이런 문장이 있습니다. 책을 느리게 읽으면 '혹혹 부는'이라는 말과 '상학종'이라는 낯선 단어에 신경이 가고 '창남이'도 흔치 않은 이름이라서 아이들은 힘들게 느낄 수 있어요. 그런데 이 문장을 이렇게 읽어 보세요.

> 혹혹 부는 이른 아침에 / 상학종은 치고 / 공부는 시작되었는데 / 한 번도 결석한 일이 없는 창남이가 / 이 날은 오지 않았다.

이렇게 끊어 읽으면 앞뒤의 문맥을 쉽게 파악하여 '창남이가 추운 겨울날 아침에 웬일인지 학교에 오지 않았다'로 쉽게 이해하며 읽게 됩니다. 이 한 문장으로 아이들은 '왜 창남이가 학교에 오지 않았을까?' 하고 궁금한 마음이 생겨납니다. 궁금한 마음이 생겼다는 것은 아이가 이 문장을 바르게 읽고 이해했다는 뜻이에요. 한 번 읽고 이해가 안 되는 문장은 이렇게 사선 치며 빠르게 반복해서 읽게 하면 독해 능력이 몰라볼 정도로 좋아집니다.

쉬운 책만 찾는 저학년 아이의 다른 사례를 살펴보겠습니다. 그림책 한 권을 힘들게 읽는 2학년 현석이는 책 읽는 것을 힘들어하기 때문에 2학년 수준의 그림책 한 권을 다 읽지 못합니다. 책의 재미를 모르기 때문에 늘 쉬운 책만 찾아 읽으려고 해요. 쉬운 책도 더듬거리며 읽기 때문에 이야기의 재미를 느끼지 못하고 중간에 그만두는 경우가 많습니다. 그래서 한 페이지에 한 문장 정도가 반복되는 그림책만 찾아 읽으려고 합니다. 현석이와 같은 경우에는 혼자 읽게 하면 책을 건성으로 읽고 그림만 보고 넘기기 때문에 곁에서 함께 읽어 주어야 합니다. 현석이의 독서 수준을 올리기 위해서는 한 페이지에 3줄 내지 4줄 정도의 문장이 들어간 그림책을 골라서 의미 단위로 읽어 줍니다. 아이가 혼자 읽을 때 잘 못 읽는 문장은 문장 카드를 만들어 다 읽고 나서 한 번 더 상기시켜 줍니다. 같은 날 반복해서 읽기보다는 다음날 같은 책을 다시 읽게 하는데 읽기 전에 전날 만들었던 문장 카드를 복습한 후 읽게 합니다. 그러면 첫날보다 유창하게 읽을 수 있습니다. 아이의 표정이 달라집니다. 독서 유능감을 느끼는 순간이지요. 처음에는 띄엄띄엄 힘들게 읽었던 아이들이 두 번째는 쉽게 읽으면서 책 읽기에 대한 성취감을 느끼는 것을 많이 경험했습니다. 세 번째는 혼자서도 줄줄 읽게 되었지요. 또 다른 책도 처음에는 힘들어하지만 두 번째, 세 번째 읽을 때는 칭찬해 주지 않아도 스스로 만족감을 느끼기 때문에 독서에 대한 보상은 따로 필요하지 않다는 것을 알게 될 거예요.

초등학생은 어느 정도 수준의 책까지 읽을 수 있을까요?

《1일 1독서의 힘》(이동조, 팜파스)은 저자가 초등학생 아들 지우가 책 읽기를 꾸준히 실천할 수 있도록 1일 1독서 프로젝트를 기획해 실천한 경험담을 엮은 책입니다. 책에 보면 처음 1일 1독서를 시작할 때 그림 반, 글 반인 어린이 만화 문고나 동화 수준의 책을 읽던 지우가 4학년, 5학년 때 도전해서 읽고 발표한 책에는《성공하는 10대들의 7가지 습관》(숀 코비, 김영사) 《부의 미래》(앨빈 토플러·하이디 토플러, 청림출판)《시크릿》(론다 번, 살림Biz)《다빈치가 그린 생각의 연금술》(신동운, 스타북스) 《별》(알퐁스 도데, 인디북) 《중학생이 보는 홍길동전·별주부전·장끼전》(허균 외, 신원문화사) 《마시멜로 이야기》(호아킴 데 포사다, 한국경제신문)가 있습니다.

위와 같이 중학생 이상 일반인이 읽는 책을 초등학생이 충분히 소화시키고 이해했다고 하니 꾸준한 책읽기가 독서력 향상에 얼마나 중요한지를 알 수 있지요. 지우도 처음 이 프로젝트를 시작했을 때는 아주 쉬운 책으로 시작했다고 합니다. 그러다가 차츰 쉬운 책, 새로운 책, 두꺼운 책, 어려운 책에 다양하게 도전하였고 이렇게 놀라울 정도로 성장한 것이지요.

저도 5학년 담임을 했을 때 아이들에게 여러 책을 추천하곤 했는데요. 칼 세이건의 《코스모스》(사이언스북스)는 나중에 중학교 가서 꼭 읽어 보라고 했는데도 이 책을 완독하고 자랑스러워하는 아이가 세 명이나 있었어요. 한 남학생은 제가 다시 읽고 있는 미하엘 엔데의 《끝없는 이야기》(비룡소)에 관심을 가지더니 다 읽고 나서 독서대화를 나누기도 했습니다. 책을 유창하게 읽을 수 있는 아이들은 어렵고 두꺼운 책에 도전해 보고 싶어 합니다. 그런 아이들은 빅토르 위고의 《레 미제라블》(민음사)과 같은 고전도 초등학생용으로 쉽게 나온 책보다는 일반 단행본으로 출간된 책을 읽는 것이 좋지요. 초등학교 때 수준을 높여 주지 않으면 중학교에 가서도 읽기 힘들어집니다. 그러려면 쉬운 책만 읽어서는 나아질 수 없습니다.

독서 지도는 아이마다 다르게 접근해야 하고 지속적으로 일관성 있게 해 나가야 합니다. 아이가 책 읽기를 힘들어하고 쉬운 책만 읽으려 한다면 나무라지만 말고 그 원인이 무엇인지 분석해야 합니다. 읽기 유창성이 부족한 것은 아닌지, 책 읽는 시간이 부족한 것은 아닌지, 너무 휴대폰 게임에 매달리는 것은 아닌지 등 아이의 입장에서 출발하세요. 고학년이 되면 알아서 하겠지, 하고 내버려 두면 안 됩니다. 독서만큼은 한 단계 한 단계 올라갈 수 있도록 챙겨야 합니다. 아이에게 책을 읽으라고 강요하기 전에 아이가 책을 잘 읽지 못하는 이유를 찾아 헤아려 주고 막힌 곳을 시원하게 뚫어 주는 것이 부모의 역할입니다. 어느 수준에 오르면 아이는 더 이상 챙겨 주지 않아도 독서에 날개를 달고 평생 독서가로 살아갈 것입니다.

☑ 내향적인 아이, 외향적인 아이를 위한 독서 처방전

EBS 다큐 〈나는 내성적인 사람입니다〉에서는 한국 사회에서 내성적인 사람이 겪는 어려움을 잘 보여 줍니다. 특히 기업에서는 적극적이고 진취적이며 대인관계가 활발한 외향성을 가진 사람을 선호하며 채용에도 영향을 미친다고 합니다.

외향적인 성격을 가진 사람이 집단에 더 호의적이고 우리 사회가 더 필요로 하는 성격으로 평가받음으로 인해 내성적인 사람은 부정적으로 인식되는 경향이 있지요. 내성적인 사람이 외향적인 사람에 비해 사회적 관계를 맺는 데 시간이 더 걸리거나 어려움을 겪기도 하지만 대신 내향인은 주변의 자극에 민감하기 때문에 정보를 더 많이 지각하고 받아들인다고 합니다. 그래서 받아들인 정보를 자기만의 세계에서 더 많이 분석하고 관찰해서 놀라운 결과물을 창출할 수 있는 사람이 바로 내성적인 사람들이에요.

내향성과 외향성 중 어느 것이 더 낫다 할 수는 없습니다.

우리 반의 내향적인 아이들과 외향적인 아이들을 봤을 때 모두 자신의 특성대로 잘 살아가고 있으니까요. 발표하라고 하면 울먹일 정도로 싫어하는 아이도 만들기나 꾸미기를 할 때는 누구보다 즐겁게 활동하거든요. 한편 발표하는 것을 제일 좋아하고 리더십을 발휘하며 친구들과 활발하게 노는 것을 좋아하는 아이는 과제를 꼼꼼하게 하지 않고 대충 끝내는 경향이 있습니다.

저는 성격에 변화를 주기 위해 대학 때 풍물 동아리에 가입해 활동했습니다. 조금 더 바깥으로 에너지를 분산하는 성격을 만들고 싶었거든요. 제가 그랬던 것처럼 아이들도 자라면서 자신의 성격을 바꾸려는 노력을 하게 될 수도 있고 만족하며 살아갈 수도 있겠지요. 그런데 지금은 아이가 가진 고유의 성향에 맞추는 것이 좋습니다. 아이의 성향이 외향에 가까운지 내향에 가까운지 파악해 두면 아이의 학습 방법을 지도하는 데 도움이 되겠지요? 아이가 흥미를 갖는 방법을 선택해 지도할 수 있으니까요.

내향적인 사람과 외향적인 사람을 비교해 보겠습니다. 내 아이의 성향이 어느 쪽에 가까운지 금방 파악할 수 있을 거예요.

내향적인 사람	외향적인 사람
· 혼자 있는 시간을 좋아하며 생각이 많다. · 친한 사람 소수와 깊게 사귀는 것을 좋아한다. · 말로 표현하기보다 글로 쓰는 것을 편하게 생각한다. · 독립된 공간에서 정적으로 무언가에 몰두하는 것을 즐긴다. · 전문 분야에서 고도의 집중력을 발휘한다. · 침착하다는 소리를 자주 듣는다. · 결단을 주저하고 실행력이 부족하다. · 남에게 상처받기 쉽다. · 남들에게 서서히 알려지는 편이다.	· 대외활동이 활발하고 사회성이 높다. · 일단 경험해 본 후 이해하고 결단한다. · 표현도 말로 하는 것을 선호한다. · 혼자 지내는 것을 싫어하며 늘 친구를 끼고 다닌다. · 동시에 많은 활동을 할 수 있으며 뭐든지 적극적으로 참여한다. · 행동이 진중하지 못하고 경솔하게 비춰질 수도 있다. · 관심이 내면보다 외부에 많기 때문에 집중력이 떨어지는 경우가 있다. · 주위의 사람들과 깊은 관계를 맺기 어렵다.

인간은 누구나 외향적인 성격과 내향적인 성격을 함께 갖고 있다고 합니다. 단지 어느 쪽을 더 강하게 선호하는가가 성격의 차이를 보이는 거겠지요. 이처럼 성격은 유전에 의한 것도 있지만 자라면서 어떤 환경에서 어떤 경험을 했느냐에 따라 형성됩니다.

《콰이어트》(수전 케인, 알에이치코리아)에서 저자는 “자신의 모습 그대로 살아가라”고 말합니다. 또한 “내향성은 생각과 느낌에 끌리고, 말하면 에너지가 소비되어 혼자 있을 때 충전된다. 외향성은 사람과 활동하는 외부 세계에 끌리고, 사람들과 어울리면서 충전이 된다”고 하면서 자신이 가진 성격 그대로의 모습을 받아들이고 발전시켜 나가라고 강조합니다.

담임을 맡아 학급 운영을 하다 보면 외향적인 아이와 내향적인 아이가 확연히 구별됩니다. 외향적인 아이들은 쉬는 시간이 되자마자 종적을 감추는 반면 내향적인 아이들은 친한 친구들끼리 한곳에 모여 조용히 담소를 나눕니다. 어떤 아이들은 쉬는 시간마다 혼자 놀거나 책을 읽으며 다른 아이들과 어울리지 않기도 해요. 수업 시간에 선생님의 말에 집중하며 이해의 눈빛을 주고받는 아이들은 주로 내향적인 성향을 갖고 있습니다. 외향적인 아이들은 선생님의 말이 끝나지도 않았는데 자기 생각을 빨리 표현하고 싶어서 선생님이 이야기하는 도중에 끼어들 때가 많아요. 수업 시간에 발표를 적극적으로 하고 역할 놀이나 토론·토의 수업을 좋아합니다. 내성적인 아이들은 발표하기를 싫어하며 노트 정리를 꼼꼼하게 잘합니다.

내향적인 아이, 외향적인 아이에게 맞는 독서 처방은 본연의 성격을 바탕으로 책읽기에서 최대한의 행복을 얻고자 하는 것이 목적이므로 아이를 성격으로 판단하지 않는 것이 중요합니다.

내향적인 아이는 생각을 많이 하는 것을 좋아하고 혼자 있는 시간을 즐기기 때문에 독서를 좋아하는 성격일 가능성이 높습니다. 그래서 따로 책을 읽으라고 하지 않아도 독서에 대한 규칙을 정하고 습관화시키면 자연스럽게 책을 읽습니다. 독서기록장을 쓰게 해도 억지로 하지 않고 즐겨 하므로 다양한 독후 활동을 할 수 있는 독서기록장을 마련해서 쓰게 해도 괜찮습니다. 독후 활동으로 독서기록장을 쓰는 것에 대해 부정적인 시각이 많은데요. 아이마다 다르게 접근하는 것이 좋습니다. 무언가를 그리고 꾸미는 것을 좋아하는 대부분의 아이가 독서기록장으로 자신의 생각이나 느낌을 표현하는 데서 성취감을 느끼며 뿌듯해합니다.

다른 사람 앞에서 말하는 것도 하면 할수록 실력이 늘고 자신감이 붙기 때문에 평소에 아이와 독서대화를 자주 나누다 보면 다른 사람 앞에서 말하는 것에 대한 부담을 줄일 수 있습니다. 내향적인 아이들은 집에 있는 것을 제일 좋아하기 때문에 의도적으로 체험활동을 많이 하는 편이 좋습니다. 여러 가지 운동을 해 보고 자신에게 맞는 운동을 찾아 꾸준히 시킨다면 몸의 에너지를 밖으로 발산하는 반복적인 과정을 통해 더 밝고 쾌활한 성격을 갖게 되면서 아이의 행복감을 증진시킬 수 있습니다. 한쪽에 치우친 성격보다는 균형 잡힌 성격이 되도록 다양한 시도를 해보세요.

외향적인 아이인 경우 독서 시간이 짧을 확률이 높고 집중하는 시간이 짧아서 두꺼운 책은 멀리하는 경향이 있어요. 책을 읽고 다른 사람에게 이야기하는 것을 좋아하기 때문에 말할 수 있는 기회를 많이 주고 칭찬을 아끼지 말아야 합니다. 혼자서 책 읽는 습관을 기르기 힘든 아이이므로 한동안은 부모가 같이 읽어 주거나 함께 읽거나 아이가 혼자 책을 읽을 때 곁에서 지지하고 격려해 주세요.

다른 아이들과 어울려서 노는 것을 너무나 좋아하기 때문에 많이 놀게 해 주고 에너지를 발산하게 해야 짧은 시간의 독서도 효율적으로 할 수 있습니다. 외향적인 아이일수록 독서기록장 쓰기를 싫어할 수 있습니다. 독서기록장이 중요한 것이 아니라 책을 읽는 것도 재미있다는 것을 경험하게 하는 것이 중요하므로 억지로 쓰도록 하는 건 지양해 주세요.

요즘은 기초학력만 갖춘다면 공부는 자기가 하고 싶을 때 해도 늦지 않습니다. 부모가 억지로 시킬 때는 반항하고 절대로 하지 않다가 꿈을 갖게 되거나 어떤 자극을 받거나 자기가 진짜 좋아하는 일을 찾았을 때 책을 통해 성공한 사례는 우리 주변에 얼마든지 있습니다. 남들보다 1년, 2년 늦는다고 인생 실패하지 않는다는 사실을 누구보다 잘 아시리라 생각합니다.

외향적인 아이를 기를 때 독서만 포기하지 않으면 됩니다. 단 첫째도 재미, 둘째도 재미라는 것을 잊지 마세요. 그러려면 아이가 책을 읽고 있을 때 적극적인 관심을 보이고 다 읽었을 때 독서대화를 나눈 후 잘 읽었다면 칭찬을 아끼지 말아야 합니다.

내 아이가 어떤 성격이든 있는 그대로 존중해 주면 아이는 건강하게 자랍니다. 문제가 있는 아이는 존재하지 않습니다. 아이를 바라보는 사회의 집단적 이기주의와 편향된 시각이 문제인 것이지요. 아이의 성격에 맞는 독서는 아이에게 가장 편안한 옷차림과 같습니다. 아이에게 잘 맞는 옷이 불편하지 않은 것처럼 성격을 고려한 독서도 아이에게 만족감을 줍니다.

☑ 아이마다 끌리는 책은 따로 있다

사람은 누구나 모든 면에서 각자 다른 취향을 가지고 살아갑니다. 영화, 운동, 음식, 여행, 드라마, 패션, 반려동물 등 모든 분야에서 자신의 취향이 드러나죠. 취향에 한계가 없다는 생각이 들 정도예요. 심지어 라면을 하나 끓일 때도 스프를 먼저 넣는 사람, 면을 먼저 넣는 사람이 있듯 독서도 마찬가지입니다. 사람마다 잘 읽히는 책이 있고 도저히 완독이 불가능한 책이 있어요. 어떤 사람은 다 읽고 감동에 겨워 눈물까지 쏟는 반면 똑같은 책을 읽고도 재미없다는 사람이 있습니다.

우리 아이들도 마찬가지입니다. 독서량에도 차이가 많이 나지만 독서 취향도 다양해요. 4학년 담임을 맡았을 때 '손교수'라는 별명을 붙여준 남학생이 있었어요. 그 아이는 역사책과 위인전을 좋아해 자주 읽었고 자투리 시간에는 역사책에서 재미있었던 장면이나 위인전의 표지를 따라 그렸어요. 그림도 대충 그리는 것이 아니라 집중해서 그려서인지 다 그리고 나면 아이들의 관심이 집중되었지요. 수업 시간에 아는 내용이 나오면 역사적 사실을 정확하게 기억하며 발표를 하고 일기장에도 한 번씩 실감나게 독서기록을 해 왔어요. 그래서 이 아이에게 "나중에 커서 역사 계통의 박사가 되어 대학에서 아이들을 가르치는 교수님이 되면 좋겠다"면서 자주 "손 교수!" 하고 불러 주었어요. 이렇게 자기만의 독서 취향을 가지고 몰입하는 아이는 쉽게 눈에 띄고 뭘 하든 잘 해내리라는 믿음이 생기지요.

우리가 존경하는 위인 중에는 같은 책을 두고두고 읽은 사람이 많습니다. 세종대왕은 당송팔대가 중 한 사람인 구양수와 당대의 걸출한 시인인 소동파와 주고받은 편지 모음집인 《구소수간(歐蘇手簡)》(글통)이라는 책을 1,100번이나 읽었다고 전해집니다.

영국인이 가장 존경하는 정치가 윈스턴 처칠은 반에서 항상 꼴찌였대요. 처칠이 아홉 살 때 아버지가 로버트 루이스 스티븐슨의 《보물섬》(비룡소)을 선물로 주셨는데 처칠은 그의 책 《나의 청춘기》(청목사)에서 아홉 살 때 아버지에게 선물 받은 책 《보물섬》이 인생의 보물이 되었다고 회고했습니다.

《열하일기》를 쓴 연암 박지원은 사마천의 《사기》의 영향을 받아 조선 최고의 문장가가 되었다고 해요. 연암은 역사서와 소설을 즐겨 읽었다고 하는데 《열하일기》는 오늘날 세계 최고의 여행기라고 평가받는 책입니다.

철강왕 카네기는 자선사업가의 원조로 인류의 역사에 좋은 영향력을 미친 사람이지요. 그는 주로 역사와 문학책을 애독했는데

토머스 매콜리의《영국사》를 즐겨 읽었다고 해요. "부자인 채로 죽는 것은 부끄러운 일이다"라는 말을 남긴 그는 공공도서관과 대학교 등을 세우는 일에 재산 대부분을 환원했습니다. 카네기가 지은 공공도서관을 이용해 성공한 대표적인 인물이 바로 빌 게이츠라고 하네요.

이처럼 우리가 인생의 롤 모델로 삼는 대부분의 훌륭한 사람은 아끼고 두고두고 즐겨 읽는 애독서를 가지고 있습니다. 아마 이 책을 읽고 있는 부모님들도 애독서 한두 권은 가지고 있을 거라고 생각해요. 누구에게나 아끼는 한 권의 책은 오랜 벗과 같이 세월을 초월하여 함께합니다. 제 책장에도 도저히 버리지 못하는 애독서들이 있습니다. 아이가 정말 아끼고 소중하게 생각하는 책이 있다면 소중히 간직해 두었다가 아이의 어린 시절 손때가 묻은 애독서를 다 자란 다음에 선물해도 참 좋겠다는 생각이 드네요.

저는 아이 둘을 키울 때 아이들과 함께 환상문학에 푹 빠졌던 적이 있습니다. 반지의 제왕과 해리포터 시리즈가 책으로 나오고 영화로 제작될 때였어요.《반지의 제왕》(아르테)과《해리포터 시리즈》(문학수첩)는 시기적으로 큰 아이한테 맞는 수준이어서 영화를 보면서 아이는 책에 푹 빠졌답니다. 동생은 해리포터 유행이 지나버린 때라 고학년이 되었을 때 수준에 맞는 판타지 소설을 만났는데요. 바로《셉티무스 힙》(와이즈아이)과《잃어버린 기억의 박물관》(비룡소)이었어요. 저도 같이 읽었는데 어린 시절에 경험해 보지 못한 판타지의 세상이 너무나 신비롭게 느껴졌어요. 상상의 세계가 끝도 없이 펼쳐지고 주인공의 용감한 모험은 마음을 달뜨게 했습니다. 딸에게 책을 읽힌다는 목적보다 엄마가 감동하며 신나게 읽으니 아이도 무척 즐겁게 책을 읽었던 것 같아요. 글자가 많은 두꺼운 책을 쉽게 읽을 수 있었던 것은 무엇보다 아이가 끌렸기 때문이겠지요.

4학년이 되면 아이들은 글자가 많은 책 읽기를 부담스러워 합니다. 읽으려고 시도는 하지만 노력과는 달리 어휘력이 모자라거나 집중력이 부족하면 쉽게 포기하고 말지요. 하지만 책이 재미있으면 많은 글밥으로 인한 위기를 극복하고 맙니다. 이때 취향에 맞는 책을 찾아 이끌어 주면 좋습니다.

4학년 초기, 글자가 많은 책 읽기를 자신 없어 하고 독서에서 멀어지는 아이들을 다시 책 앞으로 이끌어 주는 재미있는 책이 있습니다. 대부분의 아이들에게 끌리는 책! 바로《고양이 학교》(김진경, 문학동네)예요. 고학년을 맡을 때마다 이 책으로 독서릴레이를 하는데요. 치열하고도 공정한 경쟁 '가위 바위 보'를 해서 이긴 아이부터 읽기 시작하는데 다 읽은 아이도 다시 읽을 정도로 마음을 사로잡는 책입니다. 독서 릴레이를 하다 보면 그 책을 사는 아이들도 많습니다. 판타지 소설은 아이들에게 글자가 많은 책에 자연스럽게 접근하고 친해지도록 돕는다는 이점이 있어요. 그리고 무엇보다 상상의 세계가 아이들이 책의 재미를 흠뻑 맛보게 해 줍니다. 요즘 나온 책으로는《이상한 과자 가게 전천당》(히로시마 레이코, 길벗스쿨) 시리즈를 추천합니다. 저학년 아이들은《13층 나무집》(앤디 그리피스, 시공주니어)을 즐겁게 읽습니다.

역사와 위인전에 취향을 가진 아이도 많습니다. 책을 읽고 사전 지식이 있는 아이들은 영화 〈명량〉을 다른 친구들과 똑같이 보고도 내용을 훨씬 구체적으로 묘사합니다. 보통 사람들이 기억할 수 없는 스쳐 지나간 장면이나 대사를 기억하기도 하고 일본 장군의 이름을 기억해 내기도 해요. 시험을 치는 것도 아닌데 역사적 사실을 줄줄이 꿰며 왕의 이름을 기억하는 것을 보면 신기하지요.

딸은 초등학생 때부터 역사에는 관심이 없었어요. 역사 드라마는 재미있게 봐도 역사적 사실과 왕을 연결시키지 못하더라고요. 한창 인기 있었던 드라마 〈이산〉의 주인공이 정조 대왕이라는 것도 한참 후에 알았어요. 조선시대 왕의 이름도 잘 외우지 못해 항상 헤맸습니다. 당연히 역사 성적이 잘 나올 수가 없었지요. 그런데 중학교 때 읽은《꿈꾸는 책들의 도시》(발터 뫼르스, 문학동네)에 나오는 주인공 이름을 술술 외는 것을 보고 놀랐던 기억이 있습니다. '힐데군스트 폰 미텐메츠'라는 주인공 이름을 비롯해 등장인물들 이름을 정확히 기억하더군요.

과학 도서에 취향이 있는 아이도 많이 볼 수 있습니다. 과학책은 저학년 때 주로 남학생이 많이 읽는데 과학책에만 관심을 가졌던 아이들은 고학년이 되면서 읽을 만한 책을 찾지 못하는 경우가 많더라고요. 고학년이 되기 전에는 과학책을 많이 읽다가 고학년이 되어 독서량이 현저히 줄어들었다면 학년에 맞게 과학적 호기심을 충족시켜 줄 수 있는 책을 찾아 줘야 합니다. 아이의 수준에 맞는 책이 없어서 책과 멀어질 수 있기 때문이에요. 또한 독서 취향이 고학년이 되어서 바뀔 수도 있으므로 세심한 관찰이 필요합니다. 무조건 책을 안 읽는다고 비난하기보다 원인을 파악하면 쉽게 해결할 수 있습니다.

여학생들 중에는 창작 동화 읽기가 취향인 아이들이 많습니다. 우정, 생명존중, 철학동화 등 아름다운 이야기에 끌립니다. 고학년이 되면 성장소설에도 눈뜨게 되는데 독서력이 있는 아이들은 빌려 읽는 것보다 사서 읽는 것이 좋겠어요. 자신의 책을 친구에게 빌려주는 즐거움도 누리게 해 보세요.

요즘은 학교에서 가족 여행을 체험학습으로 인정하여 출석에 영향을 주지 않기 때문에 꼭 방학이 아니더라도 여행을 하는 가족이 많이 늘었습니다. 그래서인지 여행 서적에 관심 있는 아이들도 많아졌어요. 여행한 곳이나 가고 싶은 곳에 대한 책을 구해서 읽다 보면 다양한 지식을 접하게 됩니다. 여행으로 그치지 말고 여행과 관련한 좋은 책을 읽고 차츰 여행 기획과 준비를 아이가 직접 하도록 하는 것도 좋겠지요. 아이가 선택한 장소와 기획이 마음에 들지 않거나 미흡하더라도 최대한 지지해 주세요. 여행은 장소보다 추억 그 자체가 남는 거니까요. 《아이랑 제주 여행》(송인희, 디스커버리미디어) 《안녕, 나는 제주도야》(이나영, 상상놀이터) 《대한민국 역사여행 버킷 리스트》(최미선·신석교, 넥서스BOOKS) 《우리땅 기차 여행》(조지욱, 책읽는곰) 《열두 달 지하철 여행》(김성은, 책읽는곰) 등 아이와 여행하기 전에 정보를 얻을 수 있는 책도 많습니다.

아이들은 성장 과정에 있기 때문에 취향도 변하기 마련입니다. 시기마다 아이의 취향을 존중해 끌리는 대로 책을 읽게 해 주세요. 다른 아이와의 비교는 금물입니다. 다 자기 나름의 세계가 있고 그 세계를 즐기면서 꿈을 찾아가고 이루어 가니까요. 우리 어른들은 아이들이 저마다 끌리는 책을 찾아 책의 세계에 흠뻑 빠져 들어가는 것을 지켜보기만 하면 됩니다.

"책 좀 읽어라!"라는 말보다
매일 한 장씩 또는 한 줄이라도 같이 읽고
이야기를 나누는 것이 중요합니다.
스스로 혼자서 읽을 때까지 말이죠.
독서 독립을 위한 마중물이라고 생각하세요.

3부

가정에서 시작하는 글쓰기 교육

1장 글쓰기 교육, 어떻게 시작할까?

"집에서 책 한 권 읽히기 힘든데 아이에게 글을 쓰게 하는 일이 가능할까요? 일기 숙제가 있다면 억지로라도 시키겠는데 요즘은 일기를 숙제로 잘 내주지 않아요. 교과서도 학교에 두고 오니 아이의 글쓰기 실력이 어느 정도인지 알 수 없어서 불안하기도 합니다. 집에서도 아이들과 부담을 갖지 않고 즐겁게 글쓰기를 할 수 있다면 얼마나 좋을까요?"

아이의 학년이 올라갈수록 글쓰기에 대한 이런 고민을 한 번쯤은 하리라 생각합니다. 하지만 집에서 아이를 지도하려면 어떻게 해야 할지 막막해 고민 단계에서 그치는 경우가 많아요. 부모인 나조차도 글쓰기는 평생 두렵고 부담스러운 일이기에 아이의 글쓰기

지도는 더 어렵게만 느껴집니다.

중1 아들, 초등 4학년 딸과 집에서 글쓰기를 한 후《글쓰기 홈스쿨》(고경태, 한겨레출판)을 출간한 저자는 "글쓰기는 가족의 대화를 즐겁게 불붙여 주는 새로운 놀이방법"이라며 아이들이 사춘기에 접어들기전, 더 무뚝뚝해지기 전에 글쓰기를 시작하라고 얘기합니다. 굳이 말을 섞지 않아도 글을 통해 아이들의 속내가 묻은 보석과 같은 수다를 접하게 될 수 있거든요. 아이들이 글에 수다를 마음껏 쏟아낼 때 글쓰기는 즐거운 일이며 생각을 키우고 넓히는 일임을 경험하게 됩니다. 그래서 아이들이 더 자라기 전에 '자유글쓰기 프로젝트'를 실천해 보았으면 합니다.

☑ 자유글쓰기 프로젝트로 시작하기

'자유글쓰기 프로젝트'란 기간을 정해서 그 기간 동안이라도 글쓰기에 매진해 보는 것을 말합니다. 글쓰기에 굳이 거창한 이름을 붙인 이유는 무엇일까요? 글쓰기의 교육적 효과가 크기에 중요하게 여겨야 하지만 글을 쓰는 것은 쉬운 일이 아닙니다. 더구나 글쓰기에 자신감을 가질 정도의 의미 있는 글쓰기 경험을 하려면 일회성이 아닌 꾸준함이 필요합니다. 그렇기 때문에 목표를 세우고 계획적으로 접근해야 하지요.

'자유글쓰기 프로젝트'라는 이름을 사용할 때의 좋은 점은 글쓰기에 대한 몰입도를 높이며, 포기하지 않고 끝까지 실천하도록 한다는 것입니다. 학교와 학원을 오가며 각종 숙제에 할 일이 많은 아이들은 짬을 내어 독서와 글쓰기를 해야 하는 형편입니다. 휴대폰을 보다 보면 금방 하루가 지나가고 집에서 글을 쓴다는 것은 어불성설이라는 생각이 들 정도지요. 그럴수록 '자유글쓰기 프로젝트'라는 특별한 작전이 필요합니다. 아이가 학년이 올라가기 전에, 사춘기가 되기 전에, 아직 뇌가 말랑말랑해서 조금만 길을 터 주면 상상력과 창의력이 종이 위에서 춤을 출 수 있을 때 시작해야 합니다.

단 6개월 만이라도 진정을 다해 쓴 글쓰기 경험이 인생을 바꿀 수 있습니다. 글을 써야 하는 상황을 만나더라도 두려워하지 않고 담담히 써 나갈 수 있는 능력은 그 어떤 능력보다도 소중한 자산이 될 것입니다. 글쓰기에 자신이 없어서 아이들의 글쓰기 지도를 주저했던 부모들에게 자유글쓰기 프로젝트는 큰 힘과 대안이 되어 줄 것입니다.

자유글쓰기 프로젝트 방법

첫째, 아이의 입장과 생각을 존중하여 만들어 갑니다. 하루 중 언제 글쓰기를 하면 좋을지, 무엇에 대해 쓸지, 어떤 형식으로 쓸지, 분량은 어느 정도가 좋은지 등에 대해 아이와 충분히 상의하고 시작해야 합니다. 스스로 쓰고 싶을 때 좋은 글이 나오며 그래야 자신의 글을 보는 안목이 넓어집니다. 그러려면 아이의 마음에 글을 쓰고 싶은 동기가 솟아나도록 공을 들여야 합니다. 글쓰기 동기는 바로 아이에 대한 존중과 잘 할 수 있다는 자신감에서 비롯된다는 것을 기억하세요.

둘째, 6개월 정도의 글쓰기 기간을 정하고, 그 기간 동안만 글쓰기에 매진합니다. 아이가 또 하길 바란다면 2주일 정도 쉰 다음에 시작하며 자유글쓰기 프로젝트 1기, 2기 등 숫자를 붙이거나 이름을 정해 구분합니다. 이렇게 기간을 정해 놓으면 쉽게 포기하거나 중단하는 것을 예방할 수 있어요. 아이가 어려서 6개월이 길게 느껴진다면 3개월로 줄여도 무방합니다. 봄, 여름, 가을, 겨울로 기간을 나눠 계절의 느낌이 글쓰기에 묻어나도록 해도 좋겠지요. 1년은 아이들에게 길게 느껴져서 지루함을 줄 수 있습니다. 1년을 다양한 방법으로 쪼개어 목표지점을 정하고 실천한다면 좀 더 보람되고 알차게 아이의 1년을 챙길 수 있습니다.

셋째, 프로젝트가 끝나면 가족 외식이나 글쓰기 잔치 등으로 온 가족이 축하하는 시간을 갖습니다. 독서든 글쓰기든 성취의 당사자는 바로 아이 자신입니다. 그럼에도 불구하고 우리는 아이가 책을 잘 읽었다고, 글쓰기를 잘했다고 이런저런 보상을 하려고 합니다. 받아쓰기 100점 받았다고, 수학 시험을 잘 쳤다고 아이에게 휴대폰이나 갖고 싶은 것을 사 주는 것에 저는 반대합니다. 독서도,

글쓰기도, 공부도 결국 아이 자신을 위한 것이니까요. 스스로 성취감과 자존감을 느낄 때 이미 아이에게는 물질적인 보상이 필요 없게 됩니다. 어렸을 때부터 주어지는 잘못된 보상은 공부의 주체가 누구인지 헷갈리게 합니다. 아이가 포기하지 않고 목표를 달성했을 때 물질적인 보상보다는 함께 축하해 주는 시간을 가지는 것이 좋겠습니다. 가족의 축하만큼 더 좋은 응원은 없으니까요.

넷째, 프로젝트 기간 동안 매일 일정한 시간을 정해서 자유글쓰기를 합니다. 자유글쓰기란 말 그대로 쓰고 싶은 것을 쓰는 것, 즉 일기에 가까운 글쓰기입니다. 제가 일기라는 말을 쓰지 않는 이유는 아이들이 일기에 대해 가지는 반감을 알기 때문인데요. 매일 일기를 쓰라고 하면 분명히 아이들은 거부감을 보일 거예요. 어쩌면 자유글쓰기 프로젝트라는 멋있는 말이 결국 일기쓰기에 가깝다는 것을 알면 실망하고 하기 싫어할지도 모릅니다. 제가 사용하는 '일기'의 의미는 매일 기록하는 것을 말합니다. 곧 자유글쓰기 프로젝트는 매일 글을 쓰는 것을 원칙으로 하며 다양한 형식과 주제를 아이가 선택하여 쓰고 싶은 대로 글을 쓰는 것을 말합니다.

다섯째, 아이가 글을 쓴 다음에는 항상 부모가 댓글을 달아 줍니다. 글을 제대로 쓰면 속이 후련해지기도 하고 생각이 깊어지기도 하고 다 쓰고 난 다음에는 뿌듯하기도 하지만 한편으로는 하기 싫고 힘든 것이 글쓰기입니다. 아이들이 글쓰기를 좋아하고 계속 쓰려면 그때그때 가족들의 격려와 응원이 꼭 필요합니다. 아이가 쓴 글 중 표현이 독창적이거나 자세히 풀어썼거나 마음에 와 닿는 부분에 밑줄도 그어주고 별표도 해 주세요. 지극히 주관적이어도 괜찮습니다. 글을 읽고 나서 잘 이해가 되지 않는 부분은 말로 지적하기보다는 글로써 물어보는 것이 좋습니다. 아이의 입장에서는 내 글에 대한 부모의 관심으로 느껴질 테니까요. "어머나!" "아하!" "맙소사!"와 같은 감탄을 아끼지 마세요. 글에 대한 칭찬을 이모티콘이나 간단한 그림으로 표현해 줘도 아이는 글을 쓸 에너지를 얻습니다. 그러다 보면 어느새 글쓰기가 놀이가 되어 가는 것을 느낄 수 있을 거예요.

☑ 자유글쓰기 프로젝트 전, 꼭 필요한 질문! "글쓰기, 왜 해야 할까?"

아이의 눈높이에서 글쓰기를 생각해 봅시다. 우리 어른들이 아무리 글쓰기가 중요하다고 강조한들 정작 글을 써야 할 아이가 글쓰기의 중요성을 이해하지 못한 채 강요에 못 이겨 글을 써야 한다면 얼마나 힘들까요. 글쓰기의 중요성을 안다 해도 꾸준히 써 나간다는 것이 힘든 일일 텐데 말이죠. 어른들이 글을 쓰는 이유는 먹고사는 일과 직결되어 있거나 쓰고 싶어서 쓰는 경우라지만 아이들이 글을 써야 하는 이유는 도대체 무엇일까요? 그리고 그 이유를 아이들이 받아들이게 하려면 어떻게 말해 주어야 할까요? 아래 몇 가지 예시를 들어 보았습니다.

글은 말과 같이 내 생각을 표현하는 또 다른 수단이고 도구란다.

우리는 생각을 표현할 때 말을 주로 사용하지. 아기 때는 "맘마!" "엄마" "내가!" 이렇게 한 단어만으로 자기 생각을 표현했는데, 자라면서 점점 사용하는 단어의 수가 많아지면서 자신의 생각을 더 잘 표현하게 되었지. 초등학생이 되어서는 자신의 행동에 대해 이유도 댈 수 있고, 친구의 말에 반대 의사를 던지기도 하고, 때로는 남을 웃기는 말도 사용하게 되었어. 말은 하면 할수록 느는 것 같아. 말을 잘하게 되면 너는 어떤 점이 가장 좋은 것 같아? 그래, 바로 내 마음이나 생각을 제대로 전할 수 있다는 점이야. 그래서 말을 통해 상대방은 나를 이해하게 되고, 이해할수록 친해지고 서로 사랑하며 살아갈 수 있게 되는 거야.

글도 마찬가지란다. 내 생각을 표현하는 일! 내가 쓴 글을 통해 사람들은 나를 더 잘 알게 되고 이해하게 된단다. 다만 말을 하는 것은 쉬운데 글쓰기가 어렵고 부담스럽게 느껴지는 것은 말은 계속 해오던 것이라 자연스럽게 느껴지는데 글은 시간을 정해 쓰기 때문이지. 하지만 말을 하면 할수록 늘 듯이 글도 쓰면 쓸수록 늘게 되어 있단다. 더구나 글은 쓰면 쓸수록 우리의 생각을 넓게 하고 깊게 한다니 글쓰기는 우리 삶에 참 중요한 도구인 것이 분명하지.

말도 아기 때부터 배워야 하지만 글쓰기도 어렸을 때부터 배워야 한단다.

타잔에 대해 들어 본 적이 있니? 타잔은 아기 때 부모를 잃고 정글에서 고릴라 손에서 자랐지. 그래서 고릴라와는 의사소통을 할 수 있었지만 인간의 언어를 배우지 못해 사람을 만났을 때 대화를 할 수 없었어. 같은 인간으로 태어나도 어떤 환경에서 자라느냐에 따라 언어 사용 능력에 차이가 생기는 것은 언어도 후천적으로 획득하는 능력이기 때문이란다. 하물며 글쓰기는 더 그렇겠지. 언어에 많이 노출된 사람이 말을 잘하게 되듯이 글도 어릴 때부터 많이 쓸수록 실력이 는단다. 생각을 말이나 글로 잘 표현하는 사람은 자기가 하고 싶은 일을 더 잘 성취하게 되어 행복한 삶을 살 수 있게 되겠지.

말이 다 담을 수 없고 표현할 수 없는 것을 글이 해 낸단다.

사람들과 대화할 때의 상황을 생각해 보렴. 대화를 할 때는 사용하는 단어가 한정되어 있고 할 말을 다 하지 못하고 끝내는 경우가 많지. 여러 사람과 이야기 나눌 때는 내 이야기만 할 수 없어서 내 생각을 충분히 전하지 못하기도 했을 거야. 하지만 글에는 내 생각을 거침없이 담고 싶은 대로 담을 수가 있지. 글은 생각을 연결지으며 쓰기 때문에 내 뇌 속에 저장된 단어를 쓰고 싶은 만큼 끄집어내어 쓸 수가 있어. 말은 뱉고 나면 그만인데 글은 쓰고 나서 더 좋은 글로 고칠 수도 있고 여러 사람에게 보여 주며 나눌 수도 있지. 어때? 글의 힘이 대단하다는 생각이 들지 않아?

글쓰기는 자기성찰로 이끄는 나침반이란다.

자기성찰이란 자신의 생각이나 감정을 돌이켜 보고 살피는 것을 말한단다. 반성보다는 더 긍정적인 의미를 갖고 있으며 스스로 변화하고 성장하고자 하는 의지가 숨어 있는 단어가 아닐까 해. "너 자신을 알라"라는 말을 들어 본 적 있니? 고대 그리스 델포이의 아폴론 신전에 새겨져 있던 이 문장은 고대로부터 인간에게 가장 중요한 것은 자기 자신을 아는 것이라고 알려 주는 것 같아. 자기 자신이 어떤 사람인지 어떻게 살아야 하는지 중심을 잡고 살아가는 사람은 온갖 어려움에도 흔들리지 않고 행복하게 살아갈 수 있지. 글쓰기는 바로 우리를 자기성찰로 이끌어 주어 이 세상을 균형 있게 살아가도록 나침반이 되어 준단다.

'글쓰기를 왜 해야 하는가?'에 대해 아이와 이야기를 나눌 때 도움이 되도록 대화 형식으로 적어 보았습니다. 저학년이라면 좀 더 쉽게 풀어내야 할 테고 고학년이라면 더 깊은 대화가 필요할 거예요. 자녀가 고학년이라면 '꿈을 이루기 위해 꼭 필요한 것, 글쓰기'라는 주제로 이야기를 나눠도 좋겠어요. 아이의 마음속에 글쓰기가 필요한 공부이며 나아가 나도 잘 쓰고 싶다는 생각까지 든다면 절반은 성공한 것이나 다름없습니다. 그만큼 글쓰기는 동기와 목표 의식이 중요하니까요.

♣ 자유글쓰기 프로젝트 첫 시간 이렇게!

❶ 아이에게 '자유글쓰기 프로젝트' 제안하기

❷ '자유글쓰기 프로젝트'가 무엇인지 알려 주기

❸ 어릴 때부터 글쓰기를 해야 하는 이유에 대해 이야기하기

❹ '자유글쓰기 프로젝트' 계획하기

- 언제부터 언제까지 할까?
- 매일, 격일, 일주일에 2번 혹은 아이의 학원 시간 등에 맞춰 글 쓰는 날 정하기
- 하루 중 언제가 좋을까?

☑ 나만의 작가 공책 준비

이제 공책을 준비할 차례입니다. 아이들이 글 쓰는 시간을 더 진지하게 여기고 집중할 수 있도록 특별한 공책을 마련해 주세요. 시중에 판매하는 어린이용 공책보다는 그 날 쓰는 주제나 글의 형식, 양을 고려한 공책을 만들어 사용해 보세요. 종이에 구멍을 뚫는 펀치와 고리만 있으면 내가 쓰고 싶은 종이에 다양한 방법으로 글을 쓸 수 있습니다. 공책의 표지는 아이에게 맡겨 보세요. 표지를 꾸미고 싶은 대로 꾸미고 제목도 마음대로 붙여보도록 합니다. 구멍을 뚫어서 쓴 글들을 고리로 연결하면 종류별로 분류할 수도 있고 중간에 넣고 싶은 그림이나 자료를 끼워 넣을 수도 있습니다.

아이의 학년이나 수준, 취향에 맞는 자료를 인쇄하여 공책으로 만들어 보세요. 색지나 모조지 등을 사용하여 개성 있는 작가 공책을 완성해 나가는 기쁨은 글쓰기를 더 즐겁게 해 줄 거예요.

내가 만든, 세상에서 하나뿐인 공책에 글을 써 나간다고 생각해 보세요. 공책이 아이에게 소중한 물건이 되겠지요? 그 안에 쓴 글들은 더욱 소중하고요.

다음 페이지부터 제시된 자료를 활용하여 글쓰기를 하다 보면 내 아이에게 맞는 공책의 새로운 양식이 탄생할 수도 있습니다. 어떤 양식에 맞추기보다는 아이의 성향에 맞춰서 글쓰기를 하는 것이 중요합니다. 글쓰기가 아이의 생각과 감정을 마음껏 자유롭게 쏟아 낼 수 있도록, 즐겁게 글을 쓸 수 있도록 하는 것이 작가 공책의 의도입니다.

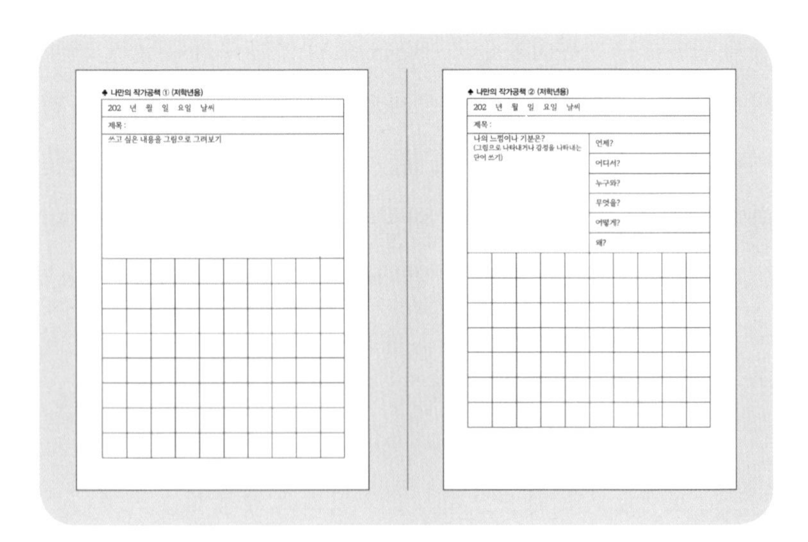

♠ 나만의 작가공책 ① (저학년용)

202 년 월 일 요일 날씨

제목 :

쓰고 싶은 내용을 그림으로 그려보기

♠ 나만의 작가공책 ② (저학년용)

202 년 월 일 요일 날씨

제목 :

나의 느낌이나 기분은?
(그림으로 나타내거나 감정을 나타내는 단어 쓰기)

언제?

어디서?

누구와?

무엇을?

어떻게?

왜?

저학년용 공책 1, 2

나만의 작가 공책* 저학년용은 그림일기장 양식과 비슷해요. 칸이 없는 곳에는 경험했던 일을 간단하게 그림으로 그리게 하면 됩니다. 초등 1학년은 글쓰기를 시작할 때 이렇게 칸 공책을 사용하는 것이 좋습니다. 글쓰기를 할 때도 천천히 느릿느릿 쓰도록 하면

*부록에 수록했습니다.

좋겠습니다.

아래 그림일기는 산골 소년 1학년 희상이의 그림일기입니다. 어느 날 신발장에 새집이 생겼는데 새가 알을 낳았고 새끼가 깨어 나오기까지의 과정이 그림일기로 잘 표현되었습니다. 1학년 아이들은 글쓰기 전 단계로 보고 듣고 느끼고 생각한 것을 그림으로 나타낸다는 것을 알 수 있지요. 몇 문장 되지 않아도 1학년 아이의 순수함과 사랑스러움이 있는 그대로 담겨 있습니다.

6월 22일 금요일
제목 : 신발장 안에 새집
며칠 전부터 작고 귀여운 새가 우리 집 신발장에 새집을 지었습니다. 어떤 아기 새가 태어날까요?

6월 28일 목요일
제목: 신발장 속의 새집
우리 가족이 할머니 댁에 갔다가 우리 집에 왔는데 새가 알을 네 개를 낳았습니다.(내 신발 속에)

7월 8일
제목 : 새
알에서 새 새끼가 깼습니다. 새끼가 눈이 컸습니다.

공책의 칸이 많아서 부담스러워하는 아이는 노트 양식을 다운받아서(252쪽 QR 코드 참조) 편집해 주세요. 아이의 글이 짧다고 억지로 길게 쓰게 하지 마세요. 칸을 다 채우지 않아도 됩니다. 저학년 아이들은 방금 있었던 일도 글로 표현하는 것을 어려워합니다. 그럴 때는 쓰기 전에 이야기를 나누면서 차근차근 있었던 일에 대해 대화를 나누는 것이 필요합니다. 글을 쓸 때는 육하원칙(언제, 어디서, 누구와, 무엇을, 어떻게, 왜)을 생각하며 쓰는 것이 좋습니다. 경험에 따라서 육하원칙이 다 사용될 때가 있고 그렇지 않을 때도 있어요. 무엇보다 저학년 때부터 글을 쓸 때 가장 중요하게 여겨야 하는 것은 바로 자신의 생각이나 느낌을

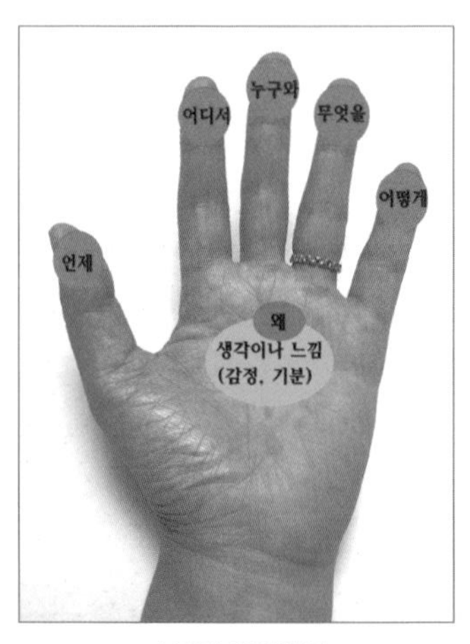

손바닥 육하원칙

붙잡아서 쓰는 거예요. 손바닥으로 기억하게 하면 글을 쓸 때 도움이 될 거예요. '왜'는 글이 더 발전하여 자신의 생각을 적었을 때 "왜 그렇게 생각했어?"라는 질문을 던지고 "왜냐하면"으로 시작하는 문장을 쓰게 하면 됩니다.

그림일기 형식으로 글을 쓰다 보면 문장력 있는 아이들은 그림도 그리고 글도 써야 하니까 힘들어하기 시작합니다. 그럴 때가 바로 줄 공책으로 바꿔 줘야 할 시점이에요. 다만 바로 글을 쓰게 하면 무엇을 써야 할지 막막해 하기도 하므로 마인드맵 형식을 주고 간단하게 글에 들어갈 내용을 낱말로 나타내게 합니다.

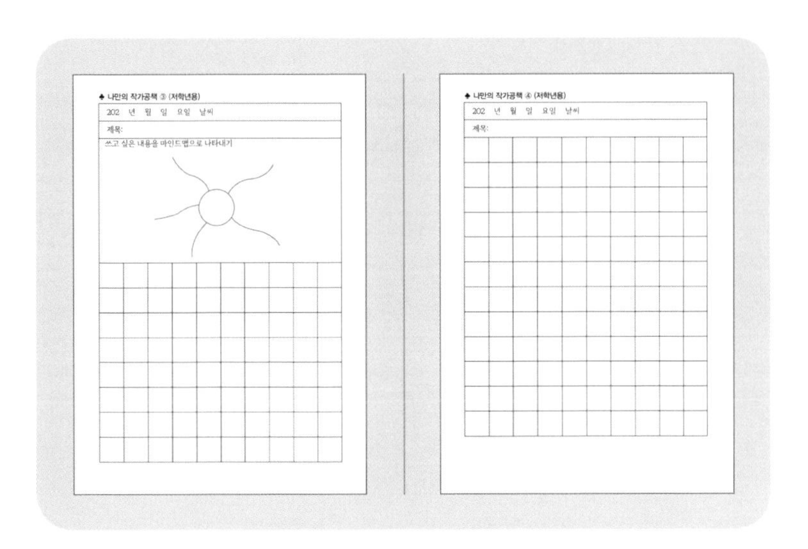
♣ 나만의 작가공책 ③ (저학년용)

202 년 월 일 요일 날씨

제목:

쓰고 싶은 내용을 마인드맵으로 나타내기

♣ 나만의 작가공책 ④ (저학년용)

202 년 월 일 요일 날씨

제목:

저학년용 공책 3, 4

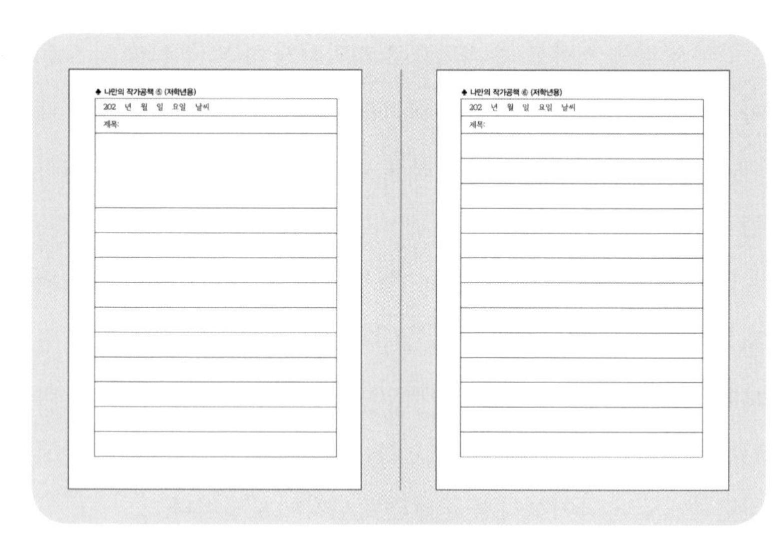

저학년용 공책 5, 6

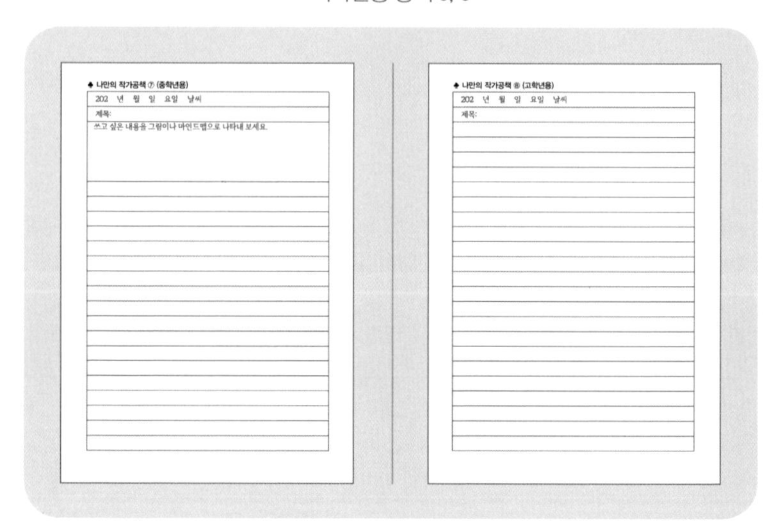

중학년용 | 고학년용 공책

2학년 정도 되면 줄 공책으로 바꿔서 글을 쓰게 해 보세요. 막힘 없이 술술 써야 할 때 칸이 방해가 될 수 있으니까요.

시를 쓰거나 독후 활동을 할 때도 작가 공책을 이용해 보세요. 자유글쓰기 프로젝트가 끝나면 다양한 글쓰기 경험과 창의적인 활동들이 작가 공책에 고스란히 쌓여 아이의 발전 과정을 한눈에 확인할 수 있을 거예요.

아이는 어떨까요? 자신의 작가 공책을 돌아보며 성취감과 뿌듯함을 느끼고 글쓰기에 대한 자신감을 얻겠지요?

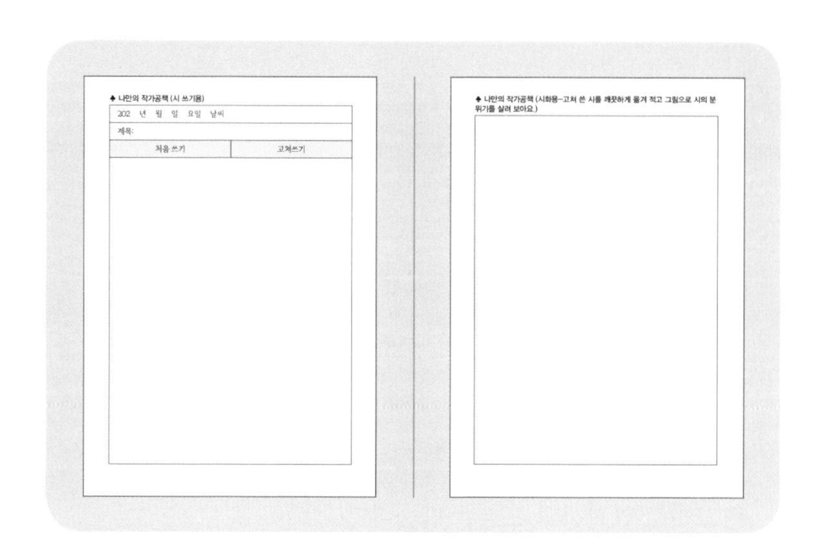
♣ 나만의 작가공책 (시 쓰기용)

202 년 월 일 요일 날씨	
제목:	
처음 쓰기	고쳐쓰기

♣ 나만의 작가공책 (시화용–고쳐 쓴 시를 깨끗하게 옮겨 적고 그림으로 시의 분위기를 살려 보아요.)

시 쓰기용 공책(학년 공통)

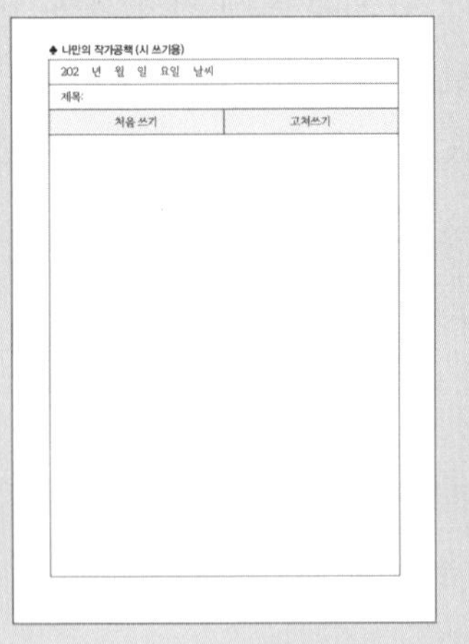

♣ 나만의 작가공책 (시 쓰기용)

202 년 월 일 요일 날씨	
제목:	
처음 쓰기	고쳐쓰기

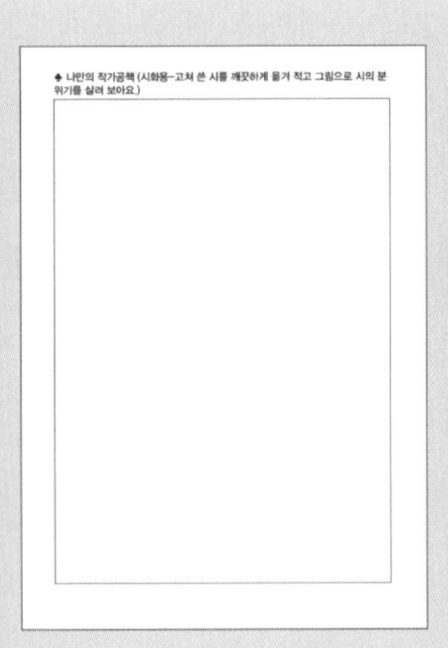

♣ 나만의 작가공책 (시화용–고쳐 쓴 시를 깨끗하게 옮겨 적고 그림으로 시의 분위기를 살려 보아요.)

독후 활동 공책(저학년, 중학년)

♣ 작가 공책 만드는 법

❶ 준비물: 펀치, 프린터, A4용지 50장, 두꺼운 색지(4절지), 지름 2.5cm 정도의 고리, 색연필과 색사인펜, 다양한 작가 공책 양식

❷ 아이의 학년과 취향에 맞는 공책 양식을 프린트 합니다.

❸ 고리로 연결하고 표지를 만듭니다.

☑ 자유글쓰기 프로젝트 챌린지 그리고 축하 이벤트

'미라클 모닝 챌린지miracle morning challenge'라는 말을 들어 본 적 있나요? 새벽 기상에 도전하고 인증하는 것입니다.《미라클 모닝》(헬 엘로드, 한빛비즈)이라는 책에서 미라클 모닝 루틴을 소개합니다. 교통사고 후 영구적인 뇌손상과 심한 골절상으로 다시 걸을 수 없다는 진단을 받은 저자는 미라클 모닝 루틴으로 이를 극복하고 세계적인 베스트셀러 작가이자 동기부여 전문가로 일어설 수 있었다고 해요. 그의 책을 읽은 많은 사람이 미라클 모닝 챌린지를 통해 삶을 변화시키고 꿈을 이루는 계기로 삼고 있어요.

아침 기상 습관 하나 고치기 위해 모임에 등록하고 자신의 도전을 알리고 시작하는 이유는 무엇일까요? 그만큼 작은 습관 하나도 고치기가 힘들기 때문에 그것을 함께하는 사람들과 나눔으로써 계속 실천할 수 있는 동기와 힘을 얻기 위해서가 아닐까요? 도전을 함께 나누면 성공한 사람들의 경험에서 나도 할 수 있다는 자신감을 얻을 수 있고 중간에 실패하더라도 이미 같은 경험을 했던 사람들의 격려와 응원을 통해 지속해 나갈 수 있게 되지요.

'자유글쓰기 프로젝트 챌린지'도 꾸준히 글쓰기를 하기 위해 필요하다고 생각해요. 자신이 즐겨 쓰는 SNS에서 시작해도 좋고 모임을 꾸려서 글을 공유해도 좋아요. 아이가 쓴 글을 올릴 때는 바로 사진을 찍어서 올려도 되니 사진 한 장으로도 간단하게 공유할 수 있어요. 모르는 사람들과 공유하는 것이 부담스럽다면 초등학생 자녀를 둔 지인들과 도전해 보세요. 혼자 하는 것보다는 나눌 때 더 성장합니다. 아이의 글이 부족하다고 주저하지 마세요. 변화하고 성장하는 맛을 더 느낄 수 있을 테니까요. '좋아요'와 '댓글'은 아이에게도 성취감과 뿌듯함을 선사할 거예요.

소통의 시대에 잘 쓰는 것도 중요하지만 그것을 다른 사람들과 나누는 경험도 해 보는 것이 좋습니다. 다른 사람이 만든 콘텐츠를 수동적으로 맛보고 따라가기보다는 컴퓨터나 휴대폰을 자신의 콘텐츠를 생산하는 도구로 이용하는 데 거부감을 없앨 수 있어요. 아이들 손에서 휴대폰을 뺏을 수 없다면 그것을 최대한 지혜롭게 이용할 수 있도록 하는 것이 좋겠지요.

내가 쓴 글을 부모님뿐만 아니라 다른 사람들이 본다고 생각하면 글쓰기에 더 집중할 수 있어요. 이 세상의 모든 작가는 독자를 고려해서 글을 씁니다. 독자를 생각하지 않고 자신만의 글쓰기에 고립되면 대중에게 감동을 주는 글을 쓸 수 없게 되지요. 어릴 때부터 독자를 생각하고 쓰는 습관은 작가의 가장 중요한 태도와 습관인 '독자를 고려한 글쓰기'를 할 수 있게 해 줍니다. 지금 우리 아이들은 미래에 작가를 겸임하는 삶을 살아갈 수밖에 없어요. 글을 잘 쓰는 사람이 성공하는 삶, 즉 스스로 만족하는 삶을 살아갈 확률이 크다고 하니까요. 내 생각과 감정, 느낌, 논리 들이 글을 통해 내 존재를 증명하는 세상! 그 한가운데서 우리 아이들이 씩씩하게 살아가도록 '자유글쓰기 프로젝트 챌린지'에 도전해 보아요!

"자유글쓰기 프로젝트가 끝나면 어떻게 축하를 받고 싶니?"

시작하기 전에 이렇게 물어보고 아이의 생각을 들어 보세요. 아이들은 생각이 자주 바뀌기 때문에 프로젝트 중간에도 물어보는 것이 좋아요. 여행을 좋아하는 아이는 여행을 선택할 수도 있고, 가족외식이나 집에서 축하파티를 할 수도 있을 거예요. 하지만 고가의 선물은 지양해야 합니다. 자유글쓰기 프로젝트는 엄마나 아빠의 만족을 위해서 아이가 희생하고 감수한 일이 아니기 때문이에요. 누구를 위한 프로젝트인지를 아이를 이해시키는 것도 큰 공부입니다. 선물을 받고 싶다면 책이나 학용품, 드로잉 북, 색종이와 같은 과하지 않은 선물로 국한하는 것이 좋겠습니다.

프로젝트가 끝난 후 아이를 인터뷰해 보세요.

· 가장 쓰기가 재미있었던 주제는 무엇이었나요?
· 가장 힘들었던 주제는 무엇이었나요?
· 프로젝트를 하면서 힘들고 하기 싫었던 때가 있었나요?
· 프로젝트가 글쓰기에 도움이 되었다고 생각하나요? 그 이유는요?
· 프로젝트에서 고치고 싶은 부분은 무엇인가요?

· 다른 사람들에게 글을 보여 주었을 때 어떤 생각이나 느낌이 들었나요?
· 프로젝트를 친구들과 하게 된다면 누구와 하고 싶나요?
· 프로젝트에서 더 쓰고 싶은 주제는 무엇인가요?
· 자신은 어떤 글을 잘 쓴다고 생각하나요?
· 프로젝트를 다시 수행한다면 언제 시작하고 싶나요?

이와 같은 질문으로 아이의 진심을 파악해 보세요. 그리고 프로젝트 수행 후 질문을 할 때는 꼭 '○○○ 작가님'이라는 호칭을 사용해 주세요. '작가님'이라는 호칭은 남다른 기분을 느끼게 해 주는 마법과도 같은 호칭이에요. 생활글 하나를 쓰는 것은 집을 짓는 것과 같아요. 집을 지으려면 뼈대가 갖춰져야 하고 여러 가지 재료가 필요하듯이 생활글에도 경험과 생각과 느낌과 그 외 빗대어 표현한 말들 등 여러 가지 요소로 이루어져 있지요. 집 한 채 짓듯이 생활글 한 편 쓴 아이에게 '작가님'이라는 호칭은 아깝지 않습니다.

프로젝트를 수행한 부모님은 스스로 점검해 보세요.

❑ 아이가 글쓰기를 좋아하게 되었나? 오히려 지겹게 느끼지는 않았는가?
❑ 아이가 힘들어하는데 몰아붙인 적은 없는가?

- ❏ 아이의 글을 최대한 존중하고 공감해 주었는가?
- ❏ 아이의 특성에 맞는 글쓰기 소재와 형식을 고민했는가?
- ❏ 프로젝트 중간에 아이를 잘 격려해 주었는가?
- ❏ 아이의 글쓰기 능력을 향상시키기 위해 더 필요한 경험은 무엇일까?

집에서 아이를 지도한다는 것은 정말로 어렵고 힘겨운 일이기에 그 수고로움을 덜어주고 끝까지 실천하기를 바라는 마음에서 고안한 프로그램입니다. 아이의 글쓰기를 위해 항상 고민하고 실천하고자 하는 부모님들께 응원을 보냅니다.

학년별 글똥누기로 글 근육 키우기

'글똥누기'는 이영근 선생님이 초등학교에서 참사랑땀 교실을 운영하며 고안한 글쓰기 방법으로 똥을 누듯이 한두 줄이라도 매일 쓰는 것을 말합니다. 이영근 선생님의 글똥누기 효과에 공감하며 매일 교실에서 실천하고 있는 교사들이 많은데요. 저도 2학년 아이들과 '하루 5분 글똥누기'로 매일 하루를 시작해 보았습니다.

초등학교 국어 1학년 1학기 마지막 단원의 쓰기 영역 성취기준은 '인상 깊었던 일이나 겪은 일에 대한 생각이나 느낌을 쓴다'입니다. 그래서 그림일기를 써서 성취기준에 도달하도록 교육과정을 구성하고 있어요. 1학년 2학기 쓰기 영역의 주목할 만한 성취기준은 '쓰기에 흥미를 가지고 즐겨 쓰는 태도를 지닌다'와 1학기와 마찬가지로 마지막 단원에서 '인상 깊었던 일이나 겪은 일에 대한 생각이나 느낌을 쓴다'예요. 그리고 1학기보다 더 발전적으로 '자신의 생각이나 겪은 일을 시나 노래, 이야기 등으로 표현한다'를 성취기준으로 제시하고 있어요. 1학년 담임을 해 보니 성취기준에 비해 아이들이 자신의 생각이나 느낌을 글로 잘 표현하지 못하더라고요. 특히 있었던 일에 대해 문장을 연결할 수는 있어도 생각이나 느낌 쓰는 것을 힘들어했어요. 1학년은 짧은 글을 통해 글쓰기에 대한 즐거움과 자신감을 획득하는 것이 가장 중요합니다.

그래서 저는 온전한 글(경험+생각이나 느낌) 쓰기는 2학년부터 하는 것이 적당하다고 생각해요. 물론 1학년 아이들 가운데도 글쓰기가 쉽고 재미있으며 온전한 글쓰기가 가능한 아이들도 있어요. 하지만 아이가 준비되지 않았는데 부모의 조기 글쓰기 교육 욕심 때문에 억지로 강요한다면 글쓰기에 대한 강박감을 가질 수 있으니 정말 조심스럽게 접근해야 해요. 1학년 때부터 '글쓰기가 싫어!' '나는 글쓰기가 힘들어' '나는 글쓰기를 잘 못해!'라는 생각이 심어지면 평생 아이는 글쓰기를 멀리하게 될 테니까요.

2학년의 쓰기 영역 성취기준을 살펴볼게요.

2학년 1학기	2학년 2학기
· 쓰기에 흥미를 가지고 즐겨 쓰는 태도를 지닌다. · 주변 사람이나 사물에 대해 짧은 글을 쓴다. · 자신의 생각을 문장으로 표현한다. · 인상 깊었던 일이나 겪은 일에 대한 생각이나 느낌을 쓴다.	· 인상 깊었던 일이나 겪은 일에 대한 생각이나 느낌을 쓴다. · 쓰기에 흥미를 가지고 즐겨 쓰는 태도를 지닌다. · 자신의 생각을 문장으로 표현한다. · 자신의 생각이나 겪은 일을 시나 노래, 이야기 등으로 표현한다. · 주변 사람이나 사물에 대해 짧은 글을 쓴다.
학습내용	
· 마음을 나타내는 말을 사용해 역할놀이 하기 · 마음을 나타내는 말을 사용해 마음 표현하기 · 글을 읽고 자신의 생각 정리하기 · 알맞은 낱말을 사용해 마음을 전하는 글 쓰기 · 친구와 마음을 전하는 편지 쓰기 · 겪은 일을 일어난 차례대로 쓰기 · 미래 일기 쓰기 · 설명하고 싶은 물건을 설명하는 글쓰기 · 꾸며 주는 말을 이용해 편지 쓰기 · 이야기에 대한 생각과 느낌을 글로 쓰기	· 생각이나 느낌이 드러나게 쓰기 · 흉내 내는 말을 넣어 짧은 글 쓰기 · 인물에게 하고 싶은 말을 쪽지로 쓰기 · 겪은 일을 시나 노래로 쓰기 · 사람을 소개하는 글 쓰기 · 인물을 소개하는 신문 만들기 · 일이 일어난 차례대로 이야기 꾸미기 · 바른 말 사용에 대한 글 쓰기 · 자신의 생각을 까닭을 들어 글로 써서 발표하기 · 칭찬 쪽지 쓰기

1학년에 비해 2학년은 쓰기 활동을 더 풍성하게 구성하고 있어요. 글쓰기에 흥미를 가질 만한 여러 가지 말놀이를 할 수 있도록 안내하며, 겪은 일을 시로 쓰기, 편지 쓰기, 설명하는 글쓰기, 꾸며

주는 말 넣기 등 다양한 활동으로 쓰기를 경험하게 하고 있지요. 그야말로 쓰기에 대한 다양한 경험을 통해 글쓰기에 즐거움과 성취감을 본격적으로 느끼는 학년이 2학년이 아닐까 해요. 또 2학년은 호기심이 풍부하고 아이다움에서 드러나는 생각이나 느낌만으로도 감동을 주기 때문에 그것을 잘 풀어내게 해 준다면 보물과 같은 글들을 수확할 수 있는 학년입니다.

앞에서 제시했던 자유글쓰기 프로젝트의 글쓰기도 '5분 글똥누기'로 시작하는 것이 좋아요. 매일 5분 동안 글쓰는 훈련을 한 아이의 내일을 기대하며 2학년 아이들에게 아래 사진처럼 공책에 '매일 글똥누는 공책'이라는 제목을 붙여 주었어요. 그리고 글쓰기를 왜 매일 해야 하는지 말해 주었죠.

매일 글똥누는 공책

🗨 글은 딱 5분만 쓰는 거야! 지우개를 쓰지 말고 멈추지 말고 써야 해! 우리가 똥을 눌 때 하트 똥, 별 모양 똥을 누려고 애쓰지 않고 한 번에 누는 것이 제일 시원하고 좋은 것처럼 글쓰기도 그렇게 하는 거야! 띄어쓰기나 맞춤법은 신경 쓰지 말고 쓰면서 생각나는 대로 그대로 쓰기! 선생님은 다 알아보실 수 있어!

글똥누기는 처음 시작할 때가 중요합니다. 2학년이라도 글쓰기라면 딱 질색인 아이가 있기 마련이고 그런 아이들은 처음부터 부정적인 반응으로 분위기를 이끌기도 하거든요. 그래서 처음에는 5분의 시간을 준 다음 하고 싶은 것을 하라고 합니다. 5분이라는 시간이 얼마나 짧은 시간인지를 스스로 느끼게 해 주려는 것이죠. 이 짧은 시간 동안 매일 글을 쓰면 누구보다 생각과 느낌을 잘 표현하는 사람이 될 것이라고 동기부여도 하면서 말이지요.

지우개를 쓰지 않는 이유는 생각을 멈추지 않고 쓰도록 하기 위해서예요. 부담 없이 생각나는 대로 써야 하는데 지우개를 사용하면 중간에 고치고 싶어져서 술술 써지지 않아요. 띄어쓰기나 맞춤법에도 신경을 쓰면 글쓰기가 더 힘들어지기 때문에 틀려도 괜찮으니 5분 동안 멈추지 않고 쓰는 것이 중요하다는 것을 반복해서 강조해야 합니다.

5분은 정말 짧은 시간이에요. 그토록 짧은 5분이지만 매일 5분 글쓰기가 아이들의 필력을 얼마나 키우는지를 저는 경험했답니다. 몇 개월이 지나니까 시간을 더 달라고 해서 7분을 주었고, 7분도 모자라 10분까지 마지못해 주기도 했어요. 1학기 말에는 시간과 상관없이 자기가 할 말을 다 쏟아낼 때까지 더 쓰려고 하는 아이도 많아서 놀랍기도 하고 뿌듯하기도 했었지요.

가정에서 자유글쓰기 프로젝트를 할 때 지우개를 쓰지 않고 5분 동안 멈추지 않고 글을 쓰도록 해 보세요. 타이머를 미리 준비하는 것이 좋아요. 5분을 정해 놓았기 때문에 글을 다 쓰지 못하고 중간에서 멈출 거예요. 그래도 그만 쓰는 것이 좋아요. 매일 쓰다 보면 정해진 시간이 몸에 배어 글을 완성하고 마칠 수 있게 되거든요. 처음에는 오직 부담 없이 글을 쓸 수 있도록 하는 것이 중요합니다. 다 쓰고 나서 맞춤법이 틀린 글자나 띄어쓰기를 수정해 주지 마세요. 글의 내용에만 집중하고 칭찬해 주는 것을 원칙으로 삼으면 부모님도 아이도 매일 5분 글똥누기가 절대로 힘들지 않을 거고 자유글쓰기 프로젝트를 완수할 수 있을 거예요.

다음은 2학년 아이들이 1학기 때 글똥누기 한 글입니다.

5월 6일 목요일

날씨: 바깥놀이 하고 싶은 날

제목 : 어린이날

어린이날은 좋다. 주말도 아닌데 쉴 수 있으니까 좋다. 나는 어린이날 때 캠핑을 갔다. 캠핑을 한 곳은 금시당 앞이었다. 저녁때 캠핑장에서 짜장면, 탕수육을 먹었다. 짜장면, 탕수육은 정말 맛있었다.
캠핑장은 우리 집이랑 좀 가까워서 캠핑장에서 하룻밤을 못 잤다. 엄마가 어린이날에 닌텐도를 사 준다고 했다. 닌텐도는 700000만 원이었다. 오만 원이 14개 있으면 700000만 원이 된다. 닌텐도를 텔레비전에 연결할 수도 있다. 어린이날은 정말 좋다.

5월 17일 월요일

날씨: 안개가 구름을 이긴 날

제목: 장미 공원 간 날

나는 토요일에 장미공원에 갔어. 그때는 비가 그쳐서 괜찮았어. 거기에서 장미도 보고 사진도 찍었어. 그런데 장미의 색깔이 정말 다양했었어. 그래서 엄마가 사진을 정말 많이 찍어 주셨어. 장미의 색깔은 빨간 장미, 분홍색 장미, 노란색 장미, 다홍색 장미 등 여러 가지 색깔의 장미들이 있었어. 그리고 장미 공원 가운데에 정원이 있었는데 그쪽 벽에도 정말 다양한 색과 예쁜 장미들이 피어 있었어!! 그리고 장미들의 향기들이 진한 것도 있고 연한 것도 많았어. 꽃들의 향기는 다양한 숲 향기가 정말 좋았어!

☑ 학년별 글똥누기

글쓰기 지도는 아이의 경험에 따라 융통성 있게 하는 것이 중요합니다. 저학년이라도 일찍 글을 깨쳐 많이 읽고 써 본 경험이 있는 아이는 글쓰기에 대한 기대와 호기심이 가득합니다. 또래보다 자신이 더 잘한다는 것을 알고 있기 때문에 자신감도 충만하지요. 이런 아이가 1학년이라고 해서 굳이 글쓰기를 미룰 필요가 있을까요? 반면 부모의 욕심으로 유치원 때부터 억지로 글쓰기를 해 온 아이는 초등학생이 되어 글쓰기를 싫어하게 될 수도 있습니다. 그럴 때는 충분히 기다려 주는 시간이 필요합니다. 글똥누기는 억지로 긴 글을 쓰는 것이 목적이 아니라 자신의 생각이나 감정을 잘 붙잡아서 솔직하게 좋은 글을 쓰는 것이 목적이니까요. 그러려면 무엇보다 아이가 글쓰기에 대해 긍정적인 마음을 갖도록 해야 합니다.

고학년도 마찬가지입니다. 아이의 수준과 취향, 성격에 맞는 글똥누기를 하는 것이 중요합니다. 고학년이라고 "니가 알아서 자유 글쓰기 프로젝트 시간에 글쓰기를 해!"라고 해서는 안 됩니다. 부모님이 아이의 글쓰기 동반자와 선생님이 되어 주셔야 해요. 책도 부모님이 먼저 읽어야 아이가 따라 읽듯이 부모님이 함께 글을 쓰는 모습을 보여 주는 것이 가장 좋은 방법입니다.

그럼 학년별로 구체적으로 어떻게 글쓰기 지도를 하면 좋은지 쓰기 영역 주요 성취기준을 보며 알아보겠습니다.

1학년 : 재미있는 말놀이로 글자와 친해지기

1학년 국어과 쓰기 영역 주요 성취기준

1학년 1학기	1학년 2학기
· 글자를 바르게 쓴다. · 자신의 생각을 문장으로 표현한다. · 쓰기에 흥미를 가지고 즐겨 쓰는 태도를 지닌다. · 인상 깊었던 일이나 겪은 일에 대한 생각이나 느낌을 쓴다.	· 쓰기에 흥미를 가지고 즐겨 쓰는 태도를 지닌다. · 자신의 생각을 문장으로 표현한다. · 인상 깊었던 일이나 겪은 일에 대한 생각이나 느낌을 쓴다.
학습내용	
· 자음자, 모음자, 받침이 없는 글자, 받침이 있는 글자 쓰기 · 그림에 어울리는 문장 쓰기 · 문장 부호의 이름 알고 쓰기 · 겪은 일을 그림일기로 쓰기	· 재미있게 읽은 책 소개하기 · 알맞은 문장 부호 넣어 문장 완성하기 · 상황에 대한 자신의 생각을 문장으로 표현하기 · 글에 알맞은 제목 붙이기 · 겪은 일이 잘 드러나게 글로 쓰기 · 기억에 남는 일을 일기로 쓰기

1학년의 경우 1학기까지는 쓰기에 비중을 두기보다는 글자 놀이를 많이 해서 글자와 친숙해지도록 하는 것이 좋아요. 글자를 쓸 때에는 바른 자세로 앉아 연필을 바르게 잡고 획순에 맞게 쓰도록 하는 데 중점을 두어야 해요. 1학년 때 연필을 바로 쥐지 못하면 나중에 고치기가 정말 힘들거든요. 획순도 마찬가지예요. 급하게 빨리 쓰려고 하면 획순을 무시하게 되고 그러다 보면 글씨도 단정하

지 못하게 됩니다. 획순이 틀릴 때마다 바르게 쓰도록 알려주세요.

1학년은 그림일기를 쓸 수 있을 때까지는 삼행시, 수수께끼, 빙고놀이, 끝말잇기, 스피드 퀴즈, 시장에 가면, 흉내 내는 말놀이 등 낱말을 이용한 말놀이를 많이 해 보세요. 말놀이는 아이의 어휘를 늘려 주어 글쓰기를 하는 데 큰 도움이 되거든요. 말놀이는 차 안에서, 캠핑장에서 저녁을 먹으며 생활 속에서 자연스럽게 하는 것이 제일 좋습니다.

1학년 1학기 마지막 단원에 그림일기를 쓰는 활동이 나옵니다. 일기를 쓰는 이유, 일기를 쓰는 방법 등을 차례대로 배운 다음에 그림일기를 쓰는데요. 그림일기를 쓰기 전에 짧은 문장쓰기를 했어도 일기 쓰는 것을 힘들어하는 아이가 많습니다. 더구나 자신의 생각이나 느낌을 표현하는 것은 1학년 아이들에게는 참으로 버거운 일이지요. 1학년 1학기가 끝나갈 즈음부터는 짧은 문장을 자주 반복해서 쓸 수 있도록 글똥누기를 계획하면 좋겠습니다. 처음 일기 쓰기를 시작할 때는 다음과 같이 시작해 보세요!

먼저 오늘 있었던 일에 대해 아이가 불러주는 대로 부모가 쓰고 그것을 따라 쓰도록 합니다. 10칸 공책에 또박또박 바른 글씨로 쓰고 따라 쓰게 합니다. 일기의 형식대로 날짜, 요일, 날씨, 제목이 들어가야 합니다. 아이가 있었던 일만 이야기한다면 꼭 "그때 어떤 생각이 들었니?" "기분이 어땠니?"와 같이 아이의 생각이나 느낌을 물어보고 일기 내용에 들어가도록 해 주세요.

그다음에는 한 문장씩 아이와 번갈아가며 써 보세요. 마지막으로 낱말을 번갈아가며 써 보세요.

2학기가 되면 글쓰기 실력이 쑥 늘었다는 것을 발견하게 될 거예요. 스스로 글은 쓸 수 있지만 맞춤법을 어려워하기 때문에 글을 쓰는 중간 중간에 많이 물어볼 거예요. 1학년 글똥누기 할 때는 2학년과 달리 맞춤법을 알려 주는 것이 좋아요. 틀린 글자는 고쳐야 하니까 지우개도 사용하도록 하세요. 다 쓴 글은 꼭 소리 내어 읽도록 해 주세요.

1학년 아이들의 글똥누기 시간에 일기뿐만 아니라 다양한 방법의 글쓰기를 시도해 보세요. 시 쓰기, 노래 가사 바꾸기, 영화 본 후 감상 쓰기, 편지 쓰기 등 아이에게 "무엇에 대해 쓰고 싶니?" "어떤 방법으로 써 볼까?"라고 자주 물어봐 주세요. 어릴 때부터 아이에게 선택권을 주면 자신감과 책임감이 있으며 자기 주도적이고 독립적인 아이로 키울 수 있어요. 글쓰기를 할 때 아이가 선택할 수 있도록 하는 것을 잊지 마세요.

2학년 : 글쓰기로 나의 생각이나 느낌 나타내기

2학년이 되면 학교에서 받아쓰기를 자주 할 거예요. 저는 받아쓰기가 꼭 필요하다고 생각해요. 우리가 각종 시험을 앞두고 좋은 결과를 얻기 위해 기출 문제를 풀어 보고 아는 것과 모르는 것을 찾아내 보충하듯이 받아쓰기도 일종의 문장 테스트이기 때문입니다. 모르는 낱말을 공부하는 데는 받아쓰기가 가장 큰 효과가 있습니다. 받아쓰기 100점에 대한 부담과 부모님의 기대와 결과에 대한 걱정 등이 혼합되어 아이들에게는 참으로 부담스럽게 느껴질 거예요. 하지만 학교에서 받아 온 받아쓰기 결과가 어떻든 무조건 칭찬하고 격려해 준다면 아이가 받아쓰기를 한결 가볍게 받아들일 수 있을 거예요. 혼내지 않는 것도 중요하지만, 받아쓰기 100점 받으면 용돈이나 선물을 준다는 약속 같은 것을 하지 않는 것도 중요합니다. '내가 받아쓰기 100점을 받으면 용돈이나 선물을 주실 정도로 받아쓰기가 부모님에게 중요한 거구나! 내가 점수를 잘 받아야 하는구나!' 하는 부담을 가질 수 있으니까요. 받아쓰기에 부담을 가진 아이는 받아쓰기를 즐길 수가 없어요. 받아쓰기를 즐기는 아이들이 있다고요? 점수와 상관없이 받아쓰기를 하는 아이들은 놀이처럼 받아들인답니다. 받아쓰기 부담이 너무 큰 아이는 선생님 몰래 옆 친구의 받아쓰기를 훔쳐보기도 해요.

학교에서 받아쓰기를 하지 않는다면 집에서 일주일에 한 번씩 하는 것이 좋겠습니다. 검색창에 '초등 2학년 받아쓰기'라고 검색하면 받아쓰기 급수표를 구할 수 있습니다. 아이와 받아쓰기를 할 때는 100점 맞는 받아쓰기를 해 보세요. 100점 맞는 받아쓰기는 하면서 답을 알려 줄 수도 있고, 아이에게 틀린 것을 고치라고 한 후 잘 고쳤으면 맞다고 채점을 해 주면 됩니다. 대신 그다음 받아쓰기는 같은 급수를 한 번 더 치면 좋겠지요.

2학년은 받아쓰기를 꾸준히 하기 때문에 글똥누기 할 때는 오로지 글쓰기에만 집중할 수 있도록 지우개를 쓰지 않고, 맞춤법 틀려도 지적하지 않고, 맞춤법을 물어봐도 가르쳐 주지 않고 쓰도록 하세요. 맞춤법을 몰랐던 글자는 글을 다 쓰고 나서 알려 주면 됩니다. 글똥누기를 시작하고 나서 5분이 짧다고 해도 바로 시간을 늘리지 않았으면 합니다. 조금 더 지켜보고 아이가 시간을 더 달라고 조를 때까지 기다렸다가 7분으로 늘려 주세요. 7분을 버겁게 느낄 때는 언제든 다시 5분 글똥누기를 하면 됩니다. 글감과 글의 형식에 따라 아이에게 필요한 시간은 다를 테니 처음에는 5분을 고수하다가 나중에는 융통성 있게 조절하면 됩니다.

글을 쓰다가 중간에 생각이 안 나서 멈추는 경우에는 힌트를 주는 것이 좋습니다. "그다음에는 누구를 만났더라?" "냄새, 모양, 크기도 적어 주는 게 어때?" 이렇게 말이지요. 저학년은 생각이나 느낌을 쓰라고 하면 잘 모르겠다는 아이들이 많아요. "참 재미있었다." 하고 글을 끝내는 아이들이 많지요. 이럴 때는 어떻게 재미있었는지 물어봐 주세요. 그래도 아이의 답이 애매하다면 또 "어떻게?"를 넣어 아이의 생각 속으로 들어가 보세요. 분명히 아이가 가진 생각이나 느낌을 들을 수 있을 테니까요.

3학년 : 다양한 글쓰기의 세계로 한 걸음, 한 걸음!

초등 3학년 국어과 쓰기영역의 주요 성취기준

성취기준	· 중심 문장과 뒷받침 문장을 갖추어 문단을 쓴다. · 읽는 이를 고려하여 자신의 마음을 표현하는 글을 쓴다. · 시간의 흐름에 따라 사건이나 행동이 드러나게 글을 쓴다.
학습내용	· 중심 생각이 잘 드러나게 간단한 문단 쓰기 · 마음을 담아 편지 쓰고 보내기 · 책이나 글을 읽고 글의 흐름에 따라 내용 간추리기 · 원인과 결과를 생각하며 이야기 꾸미기 · 이야기 듣고 메모하기 · 나만의 국어사전 만들기 · 상황에 알맞게 자신의 의견 표현하기 · 만화 영화에서 느낀 재미와 감동을 글이나 그림으로 표현하기 · 반대말을 찾아 문장 만들기 · 시를 감상하고 시 쓰기 · 인상 깊은 경험을 글로 쓰기 · 다른 사람에게 마음을 전하는 쪽지 쓰기 · 독서 감상문 쓰기

2학년과 3학년의 차이가 느껴지시나요? 1년 차이인데 성취기준의 차이는 1년 그 이상인 듯합니다. 3학년의 성취기준에 도달하기 위해 학습내용도 더 다양해졌습니다. 설명하는 글, 주장하는 글, 편지글, 시, 독서 감상문 등 다양한 장르의 글쓰기가 교육과정에 녹아 있습니다. 문단을 나누어 글을 써야 하고 글의 내용을 흐름에 따

라 간추리기도 해야 합니다. 3학년의 학습 내용을 보니 2학년부터 글똥누기로 다양한 글쓰기 경험을 하면 좋겠다는 생각이 들지 않나요? 3학년이 되면 교과도 사회, 과학, 도덕으로 분과되어 수업 시간에 쓰기 활동이 많아집니다. 저학년부터 필력으로 인한 자신감이 붙은 아이와 그렇지 않은 아이는 큰 차이를 보입니다. 아이의 학력을 위해 저학년부터 보습학원을 다니고 학습지를 풀 것이 아니라 매일 책 읽기와 글쓰기를 해야 하는 이유입니다.

3학년은 어떻게 매일 글똥누기를 하면 좋을까요? 3학년도 매일 5분에서 시작하세요. 글쓰기를 잘하는 아이라도 매일 글쓰기를 하면 부담을 느낄 수 있기 때문에 5분에서 시작하는 것이 좋습니다. 아이의 글쓰기 능력에 따라 시간을 늘리되 그 시기는 상황에 따라 조정해야 합니다.

3학년이 되면 문단을 나눌 수 있어야 해요. 문단을 나누어 글을 쓰는 것은 글똥누기를 10분 정도 하면서 긴 글이 써질 때 하면 됩니다. 처음부터 모든 글을 문단을 나눠야 한다고 미리 강조할 필요는 없습니다. 문단에 대한 개념을 공부할 때는 동화책을 보며 문단이 나눠져 있는 것을 먼저 확인해 보세요. 그리고 왜 그렇게 문단을 나눴을지 함께 생각해 보세요. 문단, 중심 문장, 뒷받침 문장에 대한 개념은 다음 그림을 보여 주며 이야기 나누면 쉽게 이해할 수 있을 거예요.

문단과 문장의 구조

낱말들이 모여 문장이 된단다. 문장들이 모이면 뭐가 될까? 바로 문단이 되고, 문단이 모이면 하나의 글이 완성되는 거야. 바구니가 하나의 문단이라고 생각하면 같은 사과끼리, 즉 비슷한 문장끼리 모인 것이 하나의 문단이 되는 거지. 여러 개의 뒷받침 문장은 한 개의 중심문장을 받쳐 주고 보충해 주는 문장이야.

문단을 나눠 글을 쓸 때는 비슷한 내용을 한 문단에 넣으면 됩니다. 문단을 나누어 글을 쓴다는 말은 글이 그만큼 깊어지고 넓어졌다는 뜻이에요. 나열식의 단순한 글을 굳이 문단으로 나눌 필요는 없으니까요. 문단으로 나눠 글을 쓰면 가독성이 좋아집니다. 글이 한눈에 들어오고 글쓴이가 무엇을 전하려고 하는지 쉽게 이해할 수 있게 됩니다. 문단을 나눠 글을 쓴다는 것은 바로 '독자'를 염두에 두었다는 뜻입니다. 진정한 글쓰기의 첫걸음이자 글쓰기의 맛을 느낄 수 있는 열쇠는 바로 문단 나누기에 있어요. 3학년 2학기에는 문단 나누기를 잘 이해하고 글을 쓰는 것이 중요합니다.

3학년 1학기부터는 국어사전을 활용하며 글을 읽도록 하며 최종적으로 나만의 국어사전을 만들어 봅니다. 아무래도 3학년이 되면 글밥이 많은 책들을 읽게 되면서 수많은 어휘의 홍수에 맞닥뜨리기 때문이겠지요. 휴대폰이나 컴퓨터로 낱말만 입력하면 바로 나오는 답을 굳이 국어사전을 활용하는 이유는 무엇일까요? 국어사전으로 낱말을 찾아 보는 그 자체가 아이에게 큰 공부가 되기 때문이에요. 수많은 어휘의 창고를 들락날락 하다 보면 다의어, 고유어, 외래어, 한자어를 접할 기회가 많아지고 아이의 어휘량이 늘 수밖에 없거든요. 그래서 아이가 3학년이 되면 국어사전을 꼭 구입해서 활용하는 것이 좋습니다.

4학년 : 그림책 쓰기 도전

초등 4학년 국어과 쓰기영역의 주요 성취기준

성취기준	· 읽는 이를 고려하여 자신의 마음을 표현하는 글을 쓴다. · 관심 있는 주제에 대해 자신의 의견이 드러나게 글을 쓴다. · 쓰기에 자신감을 갖고 자신의 글을 적극적으로 나누는 태도를 지닌다.

학습내용	· 책 내용, 들은 내용 간추리기, 이야기의 흐름에 따라 내용 간추리기 · 사실과 의견이 드러나게 글 쓰기 · 이어질 내용 상상하여 쓰기 · 회의 주제에 맞게 말할 내용 쓰기 · 나만의 낱말 사전 만들기 · 제안하는 글 쓰기 · 만화 영화를 감상하고 사건을 생각하며 이어질 내용 쓰기 · 마음을 담아 붙임쪽지 쓰기 · 이야기를 꾸며 책 만들기 · 전기문의 특성을 살려 내용 요약하기 · 글을 읽고 독서 감상문 쓰기 · 생각이나 느낌을 시와 그림으로 표현하기

4학년의 이와 같은 성취기준에 도달하기 위해 어떤 활동들로 교육과정을 구성했는지 살펴볼까요? 4학년도 3학년처럼 글에서 낱말의 뜻을 짐작하고 국어사전에서 뜻을 찾아 글을 읽도록 하고 있어요. 국어사전을 많이 활용하면 어휘량이 늘어서 독서와 글쓰기 두 마리 토끼를 잡을 수 있어요.

4학년 때는 전기문을 읽고 내용을 요약하는 내용이 나옵니다. 요약하는 글쓰기는 글을 잘 읽는다는 것을 전제로 하고 있지요. 글을 이해하지 못하면 요약하는 글을 쓸 수 없는 것은 당연지사입니다. 3학년에도 글의 흐름에 따라 내용을 간추리는 글쓰기가 나오는데 글의 내용에 대한 이해 없이는 불가능하지요. 아이가 간추리고 요약하는 글쓰기를 잘 하지 못한다면 책의 내용을 잘 이해하고 있는지 살펴봐야 합니다.

학년이 올라갈수록 다양한 형식의 글을 쓰는 것이 좋습니다. 요약하는 글을 쓰는 것도 글똥누기에서 많이 시도하는 것이 좋은데요. 아이가 힘들어하면 글의 내용에 대해 아이와 충분히 대화를 나눈 후 쓰게 하는 것이 좋겠어요. 그리고 가장 중요한 것은 그 글에 대한 아이의 생각이나 느낌이 들어가게 해야 한다는 것입니다. 아이의 생각이나 느낌이 들어가지 않고 내용만 요약된 글쓰기는 싱거운 과일과 같습니다. 아이의 글은 맛이 있어야 합니다. 아이만의 색깔과 감성이 녹아들어 가야 좋은 글이라는 것을 잊지 마세요. 내용 요약이 부족하더라도 아이의 감정이나 생각이 잘 녹아들었다면 좋은 글이라고 칭찬해 주세요. 그래야 글이 발전합니다.

4학년의 국어과 교육과정에서 또 하나 특별한 점은 이야기를 꾸며 책을 만든다는 것입니다. 아이들은 이야기 만드는 것을 굉장히 좋아합니다. 아직 세상에 물들지 않은 말랑말랑한 감성과 아이만이 가지는 호기심과 창의성이 결합되어 재미있는 이야기를 잘 만들어 냅니다. 우리 어른들이 잘 끌어주기만 하면 훌륭한 이야기를 만들어 내는 이야기꾼들이지요.

내 아이가 해마다 그림책을 한 권씩 만들 수 있다면 얼마나 좋을까요? 아이가 만든 이야기와 그에 맞는 그림을 휴대폰의 스캔 기능을 이용해서 포토북에 올려 앨범형 그림책으로 제작해도 좋고 무지 스크랩북에 바로 써서 제작할 수도 있습니다. 아이들과 그림책을 써 본 경험을 동료 선생님들과 엮은 책《초등 그림책 쓰기 수업》(오정남 외, 테크빌교육)을 참고해도 좋겠습니다.

5학년 : 매체 자료를 활용해 생각 넓히기

초등 5학년 국어과 쓰기영역의 주요 성취기준

성취기준	· 글의 구조를 고려하여 글 전체의 내용을 요약한다. · 목적이나 대상에 따라 알맞은 형식과 자료를 사용하여 설명하는 글을 쓴다. · 쓰기는 절차에 따라 의미를 구성하고 표현하는 과정임을 이해하고 글을 쓴다. · 국어의 문장 성분을 이해하고 호응 관계가 올바른 문장을 구성한다. · 독자를 존중하고 배려하며 글을 쓰는 태도를 지닌다. · 체험한 일에 대한 감상이 드러나게 글을 쓴다. · 목적이나 주제에 따라 알맞은 내용과 매체를 선정하여 글을 쓴다.
학습내용	· 책 내용 간추리고 생각 나누기 · 경험을 떠올리며 시 쓰기 · 대상을 생각하며 설명하는 글 쓰기 · 자신의 생각을 글로 나타내기 · 여정, 견문, 감상이 드러나게 기행문 쓰기 · 여행지 안내장 만들기 · 새말 사전 만들기 · 겪은 일을 이야기로 만들기 · 알맞은 방법으로 매체 자료를 읽고 주요 내용을 정리하기 · 글을 구조에 따라 요약하기 · 다른 과목의 교과서를 읽고 요약하기 · 발표 주제를 생각하며 자료를 조사하고 구성하기

5학년의 성취기준을 보니 어렵다는 생각이 들지요? 3, 4학년의 성취기준보다 더 수준이 높아졌으며 문법적인 요소가 더 들어갔다

고 생각하면 될 것 같아요. 아이들도 학년이 올라가면서 배움과 성장을 통해 학력이 올라가기 때문에 매일 글똥누기를 하면서 필력을 길러 준다면 성취기준에 도달할 수 있을 거예요.

5학년부터는 글똥누기 시간을 10분으로 늘려 보세요. 10분만 글을 써 보자고 제안했을 때 아이가 싫어한다면 10분이라는 시간이 얼마나 짧은 시간인지 경험하게 하는 것도 좋아요. 고학년도 저학년과 마찬가지로 지우개를 쓰지 않고, 멈추지 않고 10분 동안 오직 글만 쓰게 합니다. 글을 다 쓴 후에는 소리 내어 읽어 보면서 고치는 것이 제일 좋겠지만 부담스러워 한다면 마음속으로 고쳐 보게 합니다. 아이가 직접 빨간색이나 파란색 또는 좋아하는 색으로 교정부호를 이용하여 고치는 것이 좋습니다. 글을 쓰는 곳에 교정부호를 붙여 놓으면 쉽게 고칠 수 있습니다. 글을 다 쓴 후에 교정부호를 사용하여 글을 고치면 고칠수록 글을 제대로 쓰게 됩니다. 처음에는 교정부호가 많이 표시되다가 점점 줄어드는 것을 볼 수 있을 거예요. 고친 글을 다시 쓰게 하면 글쓰기가 지겨울 수 있기 때문에 다시 쓰는 것은 추천하지 않습니다.

5학년 쓰기 영역에서 새로운 학습내용은 기행문 쓰기입니다. 5학년은 세상을 보는 눈이 더 커지고 자신만의 세계가 생기고 주관이 더 뚜렷해지는 시기입니다. 여행과 체험을 통해서 많은 것을 배우고 사고를 확장해 나가는 나이죠. 진로에 대해서도 고민이 생기

글을 고칠 때 사용하는 부호			
부호	쓰임	교정 전	교정 후
∨	띄어 쓸 때	아빠가∨방에 들어가신다.	아빠가 방에 들어가신다.
○	글자 바꿀 때	집으로 갑다. (갔)	집으로 갔다.
⌴	여러 글자 고칠 때	할머니 생일이에요. (생신)	할머니 생신이에요.
∨	글자를 넣을 때	강아지가 물고 갔어요! (신발을)	강아지가 신발을 물고 갔어요.
⌒	붙여 쓸 때	엉금 엉금 기어가	엉금엉금 기어가
♂	글자를 뺄 때	손을 자주 씻었어요.	손을 자주 씻어요.
⊐	왼쪽으로 한 칸 옮길 때	엄마가 섬 그늘에 굴 따러 가면	엄마가 섬 그늘에 굴 따러 가면
⊏	오른쪽으로 한 칸 옮길 때	엄마가 섬 그늘에 굴 따러 가면	엄마가 섬 그늘에 굴 따러 가면
⌐	줄을 바꿀 때	"어서 오세요!"경비원이	"어서 오세요!" 경비원이
↩	줄을 이을 때	"좋아요!" 라고 말했어요.	"좋아요!"라고 말했어요.
∽	앞과 뒤의 순서를 바꿀 때	빨리 학교에 갔다.	학교에 빨리 갔다.

고 친구 관계에 더 예민해지고 감수성이 풍부한 시기에 여행만큼 좋은 교육도 없을 것입니다. 여행을 한 후의 글똥누기는 아이의 성장에 큰 밑거름이 되리라 확신합니다.

5학년의 학습내용에서 또 하나 눈여겨볼 만한 것은 바로 매체를 이용한 글쓰기입니다. 다양한 매체의 글들을 알맞은 방법으로 읽고 자료의 내용을 정리하도록 하고 있는데요. 아이들이 접할 수 있는 매체의 글은 신문이나 인터넷에서 검색한 자료들을 말합니다. 지금까지 학교 교육이 교과서의 내용을 그대로 수용하고 교사의 설명을 잘 이해하는 것이 중요했다면 지금 자라나는 아이들에게 교과서는 안내 자료에 불과합니다. 인터넷상에 존재하는 수많은 정보 중에서 어떤 것을 버리고, 어떤 것을 받아들여 자신의 배움으로 연결시킬지 분별하는 능력이 우리 아이들에게 필요합니다. 그리고 매체의 정보를 받아들이기만 하는 것이 아니라 다시 매체로 출력하여 자신만의 콘텐츠를 생산하는 생산자가 되어야 하는 아이들이기도 하지요.

수많은 정보에서 거짓 정보에 휘둘리지 않고 '팩트'를 보는 눈은 어릴 때부터 키워야 합니다. 글똥누기를 하면서 매체를 활용한 글쓰기로 아이의 생각과 의견, 느낌, 주장 등을 펼쳐 보세요. 아이들은 단순해서 흑백논리에 빠지기 쉬우며 감정적으로 대응할 수도 있고 정보에 대한 판단이 실망스러울 수도 있겠지요. 하지만 그런 경험은 쌓이면 쌓일수록 좋습니다. 아이가 어른이 되어 의사결정을 할 때 팩트에 기반한 합리성을 가질 확률이 훨씬 더 높아질 테니까요.

6학년 : 비유적 표현으로 고차원적인 사고 키우기

6학년 아이들과 매일 글똥누기를 하기란 쉽지 않을 거예요. 학교와 학원을 마치고 집에 오면 피곤해서 쉬고 싶어 할 테고 숙제라도 있는 날이면 글똥누기는 불가능하다고 봐야 하겠지요. 하루 종일 공부한다고 시달려서 스트레스를 풀어야 한다며 휴대폰 게임을 하고 싶어 하면 허락할 수밖에 없을 테고요. 그러다 보면 글쓰기는 커녕 책 한 쪽 읽을 시간도 만들기 어려울 거예요. 그렇다면 어떻게 해야 할까요?

이럴 때는 우선순위를 정해서 아이의 스케줄을 조정해야 합니다. 내 아이를 위한 1순위는 무엇이 되어야 할까요? 아이가 초등학생 때까지라도 글쓰기와 독서를 1순위로 세우지 않으면 남들과 비슷하게 키울 수는 있어도 남과 다른 차별성을 가질 수는 없을 거예요. 글쓰기와 독서는 다른 교과의 기반이 되기 때문에 초등학교 때 충분히 힘을 기르면 나중에 수학, 영어 등 모든 교과를 따라잡을 수 있게 됩니다.

학원에서 아무리 선행학습을 한다고 해도 독서와 글쓰기 경험이 부족한 아이는 조금씩 뒤처질 수밖에 없습니다. 그래서 아이에게 1순위는 바로 독서와 글쓰기이지요. 고학년일수록 독서와 글쓰기 시간을 먼저 확보하고 아이가 하고 싶은 것과 해야 할 것을 순서대로 하루 일정에 배치하면 좋겠습니다.

아이도 자신이 해야 할 1순위가 독서와 글쓰기라는 것을 안다면 더 집중할 수 있습니다.

글쓰기를 부모가 가르치기 힘들다는 이유로 논술학원에 보내는 것보다는 이렇게 생활 자체를 독서와 글쓰기를 중심에 놓고 매일 글똥누기를 해 보기 바랍니다. 6학년도 5학년과 마찬가지로 처음에는 글똥누기 시간을 10분으로 잡고 타이머를 설정해서 지우개를 쓰지 않고 한 번에 주제에 맞게 글을 쓰도록 하는 것이 좋습니다. 다 쓰고 나서 스스로 고치도록 하세요.

그러면마지막으로 우리 6학년 아이들이 어떤 성취를 이루기 위해 무엇을 학습하는지 볼까요?

초등 6학년 국어과 쓰기영역의 주요 성취기준

성취기준	· 비유적 표현의 특성과 효과를 살려 생각과 느낌을 다양하게 표현한다. · 글의 구조를 고려하여 글 전체 내용을 요약한다. · 적절한 근거와 알맞은 표현을 사용하여 주장하는 글을 쓴다. · 목적이나 주제에 따라 알맞은 내용과 매체를 선정하여 글을 쓴다. · 비유적 표현의 특성과 효과를 살려 생각과 느낌을 다양하게 표현한다. · 국어의 문장 성분을 이해하고 호응 관계가 올바른 문장을 구성한다. · 쓰기는 절차에 따라 의미를 구성하고 표현하는 과정임을 이해하고 글을 쓴다. · 체험한 일에 대한 감상이 드러나게 글을 쓴다. · 독자를 존중하고 배려하며 글을 쓰는 태도를 지닌다.

학습내용	· 책 내용 간추리기 · 비유하는 표현을 살려 시 쓰기 · 이야기를 읽고 요약하기 · 속담 사전 만들기 · 일상 경험을 극본으로 표현하기 · 실태 조사를 바탕으로 하여 올바른 우리말 사용을 주제로 글 쓰기 · 올바른 우리말 사례집 만들기 · 마음을 나누는 글 쓰기 · 학급 신문 만들기 · 인물의 삶과 자신의 삶을 비교하며 작품을 읽고 자신의 생각 쓰기 · 상황에 알맞은 자료를 활용해 타당한 근거를 들어 논설문 쓰기 · 자료를 활용해 글 쓰기 · 우리 모둠 글 모음집 만들기 · 영화 감상문 쓰기

6학년에서 주목할 만한 학습내용은 "비유적 표현의 특성과 효과를 살려 생각과 느낌을 다양하게 표현한다"입니다. 비유적 표현에는 대표적으로 '사과 같은 내 얼굴'처럼 '~같이, ~같은'으로 표현되는 직유법과 '내 마음은 호수'와 같이 '무엇은 무엇이다'와 같은 은유법이 있습니다. 6학년 때는 비유적 표현을 살려 시를 쓰도록 하고 있는데 아이들이 시를 쓸 때 비유적 표현을 살려 쓰면 시가 더 맛깔스러워질 뿐만 아니라 사고의 차원을 한 단계 높일 수 있습니다. 의식 수준을 향상시킨달까요. 예를 들어 볼게요. 유치환의 〈깃발〉이라는 시에서 "이것은 소리 없는 아우성"이라는 첫 구절을 아시지요? 깃발이 펄럭이는 것을 보고 소리 없는 아우성이라는 구절

을 만들 때 그 한 문장에는 시인의 보고 듣는 감각의 차원을 넘어 창의력과 상상력이 결합된 고차원적 사고가 발현되었어요. 시뿐만 아니라 다양한 글을 쓸 때 우리는 이런 고차원적인 사고 과정을 겪게 되는데 이런 과정에서 아이의 의식 성장이 이루어진다는 말입니다.

내가 경험한 일을 시로 표현할 때 보고 듣고 느꼈던 일을 솔직하게 쓰는 시가 좋은 시입니다. 그런데 평범한 일상과 생각으로 나타낸 시는 밋밋하지요. 자신만의 비유적 표현을 사용하면 그 시에 아이의 감성과 재치와 감정이 실감나게 전해져서 감동을 주는 시가 됩니다.

저학년의 시가 아이다움이 비유적 표현을 만나 생동감을 주었다면 고학년은 어휘의 수준에서 볼 때 더 깊이 있는 시를 쓸 수 있습니다. 고학년의 시는 압축미가 있어야 하고 본 것, 들은 것, 느낀 것을 비유적 표현을 통해 구현할 수 있습니다. 그래서 6학년의 글똥누기 시간에는 시를 많이 써 보기를 바랍니다.

또한 4학년 때부터는 사실과 의견이 드러나는, 주장하는 글쓰기를 연습하고 6학년 때는 논설문을 쓰도록 하는데요. 자신의 주장에 적절한 근거를 제시해 한 호흡으로 글을 쓰는 게 쉬운 일은 아니지요. 저학년 때는 토론을 해도 자신의 주장에 합당한 이유를 대지 못하고 논리적이지도 않아 말싸움이 되기 쉽지만 고학년이라면 자신의 주장에 근거를 대서 상대방의 논리에 맞설 수 있어야 합니다.

다른 사람을 설득하는 힘은 어디에서 나올까요? 그 주장이 합리적인 근거를 토대로 논리적으로 전개되어야 하겠지요. 그래서 매체 자료를 잘 읽고 활용하는 능력도 필요합니다. 매체 자료에서 내 주장에 필요한 근거를 요약하여 활용할 수 있어야 한다는 말이지요. 이런 활동들은 학교 교육과정 안에서는 일회적으로 그칠 가능성이 높습니다. 국어과 교육과정에서는 논설문뿐만 아니라 다양한 글쓰기를 하고 있으니까요. 그래서 가정에서 자유글쓰기 프로젝트를 통해 글똥누기를 꾸준히 해야 한다는 것입니다. 하루 10분이라도 꾸준히 한다면 큰 효과를 볼 수 있습니다. 하루 10분을 부족하다고 느끼고 스스로 시간을 늘려간다면 더 성공적이겠지만 어디까지나 아이의 판단에 맡겨야 하겠지요. 하지만 글 쓰는 환경을 마련하는 일은 부모가 꼭 해 주어야 합니다.

3장

종류별 글똥누기는 이렇게!

학년별 쓰기 영역의 성취기준에서 살펴보았듯이 학년별로 다양한 글쓰기를 경험하도록 학습내용을 채우고 있습니다. 학년 성취기준이라고 하여 그 학년에 국한될 필요는 없습니다. 2학년 아이들에게도 시를 쓰고 시화를 그리게 해 보면 아이다운 감수성이 듬뿍 담긴 시들을 만날 수 있습니다.

2학년 아이들도 토론이 가능할까요? 주제에 대한 자신의 의견과 근거를 적어 보고 토론을 해 보았더니 매우 즐겁게 참여할 뿐 아니라 또 하고 싶다고 졸라대더군요. 마찬가지로 3학년도 기행문을 쓸 수 있으며 논설문을 문단을 나누어 쓸 수 있습니다. 일기(생활글)가 아닌 다양한 글을 매일 쓰다 보면 아이가 잘 쓰고 좋아하는 글의 종류, 즉 글의 취향을 발견할 수 있습니다.

다른 사람 앞에서 발표하는 것을 싫어하고 자신감이 없는 아이는 수업 시간이 두렵고 학교에 가기 싫어하기도 합니다. 하지만 글을 잘 쓰면 그런 문제를 극복할 수 있습니다. 글쓰기를 통해 모든 교과에 자신감과 스스로 공부하는 힘을 갖게 되므로 글쓰기는 가히 '마법의 지팡이'라고 이름 붙여도 손색이 없습니다.

다양한 장르의 글쓰기를 집에서 가르치는 것이 쉽지만은 않습니다. 처음부터 완벽할 수는 없지요. 일단 욕심을 버리고 차근차근 따라와 주세요. 제가 교실에서 사용하는 팁을 하나 알려드릴게요. 아이들이 저에게 어떻게 해야 하는지 방법을 물어올 때 저는 하나하나 알려 주지 않아요. 아이들에게 정말 도와주고 싶다는 성의를 보이고 나서 "선생님도 어떻게 해야 할지 잘 모르겠네! 어떻게 해야 할까?" 하고 함께 고민하는 모습을 보여 줍니다. 그러면 희한하게도 아이들이 스스로 답을 찾아냅니다. 아니면 옆에서 친구들이 "내가 도와줄까?" 하고 도와줍니다. 그러면 아이들은 자신이 해냈다는 사실에 자부심을 갖고 저에게 자랑을 하러 옵니다. 바로 그때 "정말 대단하다! 그렇게 하는 거구나!" 하면서 맞장구만 쳐 주면 되는 거예요. 아이들이 싸운 후 찾아왔을 때도 두 아이의 이야기를 다 듣고 나서 "그랬구나!" "그럼 어떻게 하면 좋을까?" 하고 고민에 빠진 모습을 보여 줍니다. 그러면 선생님이 답답해서라도 두 아이는 답을 찾아갑니다. 교직 경력 30년이 넘어 생긴 나만의 노하우라고 할까요? 아이가 스스로 답을 찾도록 해 보세요. 가르치려고 하면 어렵습니다. 글쓰기 전문가나 학교 선생님이 되어야만 글쓰기를 지도할 수 있는 게 아닙니다.

"오늘은 어떤 글쓰기를 해 볼까?"

"오늘 글쓰기에서 아쉬운 것은 뭐라고 생각해?"

"가장 마음에 드는 부분은 어디야?"

"어디에서 있었던 일인지 알 수가 없으니까 내용은 재미있는데 잘 이해가 안 돼. 어떻게 생각해?"

이렇게 아이가 쓴 글을 보고 정말 궁금해서 작가에서 물어보듯이 질문을 던져 보세요. 좋은 질문은 아이가 현명하게 사고하도록 합니다. 이건 이렇게 써야 하고, 저건 저렇게 써야 하고 하나하나 설명해 주는 것보다 훨씬 효과가 있고 발전이 있을 거예요.

그럼 먼저 좋은 글을 보는 눈을 길러 볼까요? 무조건 길게 많이 쓴다고 좋은 글이 아니라는 것을 잘 알 거예요. 어떤 글이 좋은 글인지 잘 알고 시작하면 아이의 글을 읽고 질문거리도 잘 찾을 수 있습니다.

☑ 어떤 글이 좋은 글일까?

사실 집에서 아이가 글 한 편을 썼다고 했을 때 그 글을 잘 썼는지 못 썼는지 판단하는 것이 뭐 그렇게 중요할까요? 글 한 편을 쓴 것만 해도 장하고 뿌듯한 일인데 말이지요. 대부분의 아이들이 집에서 글을 쓸 때 쓰고 싶어서 술술 쓰는 아이는 없을 거예요. 글쓰기가 중요하다는 부모님 말씀에 마지못해 쓰거나 숙제라서 억지로 쓰거나 얼른 써야 보상으로 하고 싶은 것을 할 수 있으니까 쓰는 경우가 대부분이겠지요. 그래도 잘 쓰고 싶다는 부담과 잘 못 쓰면 안 되는데, 하는 중압감을 가지고 씁니다. 그렇기에 아이가 쓴 글은 무조건 칭찬해 주어야 합니다. 그리고 글에서 다 표현 못한 감정이나 글을 쓰면서 생각나는 것들에 대한 이야기를 무조건 들어 주어야 합니다. 자유글쓰기 프로젝트 시간은 그렇게 운영이 되어야 합니다. 뭔가 하기 싫은 글쓰기를 했지만 속은 후련하고 부모님이 내 이야기를 다 들어 주시고 다 수용해 주신다는 해방감을 느껴야 합니다. 우리반에는 글을 한 편 쓰고 나서 굉장히 뿌듯해하는 아이가 많더라고요. 뿌듯하니까 선생님한테 와서 이런저런 이야기를 토해 냅니다. 칭찬받고 수용받고 싶은 마음에요. 그럴 때 제가 웃어 주고 "그랬구나!" 하고 맞장구쳐 주면 아이는 다음 글쓰기를 할 에너지를 얻습니다.

이러한 경험이 반복되면 아이의 글은 조금씩 성장하고 발전합니다. 5분이 짧다고 시간을 더 달라고 하고 길게 쓴 글을 자랑하게 되지요. 아이가 쓰고 싶어서 쓰면 저절로 좋은 글이 나옵니다. 경험과 생각, 느낌이 잘 녹아난 글, 솔직하고 용기 있게 하고 싶은 말을 다 토해 낸 글, 남들과 다른 자신만의 상상력이 들어간 글을 말이지요. 시도, 생활글도, 주장하는 글도, 설명하는 글도 좋은 글에 대한 기준은 다 똑같습니다.

"자신만의 느낌과 생각을 붙잡아서 썼는가?"

있었던 일, 보았던 일, 들었던 일들이 그냥 나열만 되지는 않았는지 살펴보세요. 아이가 쓴 글이 한 바닥을 채우고 두 바닥을 가득 채웠다고 좋은 글은 아닙니다. 글의 분량보다 사실을 기반으로 한 아이의 생각은 무엇인지, 아이가 과연 무엇을 느꼈고 그 느낀 점이 글에 담겨 있는지를 봐야 합니다. 그리고 아이의 생각과 감정이 솔직하게 드러났는지를 살펴야 합니다.

수업 시간에 떠들다가 선생님께 들켜서 혼났는데 같이 떠든 옆 친구는 혼나지 않고 자기만 혼났다면 그 아이는 선생님에게 얼마나 섭섭했을까요? 그 일을 글로 쓸 때 선생님한테 섭섭했던 마음을 쓰려니 착한 행동이 아닌 것 같아서 마지막에 '이제 수업 시간에 떠들지 않아야지!'라고만 썼다면 좋은 글이라고 할 수 있을까요? 2학년 남학생이 자기 동생에 대한 시를 썼는데 동생이 사라졌으면 좋겠다고 썼더라고요. 그런데 마지막에는 "동생이 사라지면 나는 누구하고 놀지?" 이렇게 마무리를 했어요. 이런 시가 좋은 시입니다.

아이들은 아직 자신의 감정을 세련되게 다루지 못합니다. 저학년 담임을 하다 보면 경력이 30년이 넘어도 한번씩 아이들의 말에 살짝 상처를 받을 때가 있어요. 그런데 경험으로 저에게 상처를 주는 그 말이 표현의 미성숙함이라는 것을 알기에 아이에게 엄청 놀라는 표정을 지어 보입니다. 그러면 아이는 금방 다른 말로 바꿔서 표현을 합니다. 아이들은 자라면서 수많은 표현의 기회를 통해 그런 미성숙함이 다듬어져서 제대로 자기의 마음을 표현하게 됩니다. 일단 다 토해 낼 수 있는 용기가 있어야 합니다. 그러려면 아이가 토해 낸 말이나 글을 수용하고, 물어보고, 인정해 주어야지 선불리 판단해서 아이의 기를 꺾어서는 안 됩니다.

☑ 좋은 글을 쓰게 하려면

좋은 글을 쓰려면 먼저 관찰력을 길러야 합니다.

기본적으로 호기심이 많은 아이들은 사고를 많이 치는 경향이 있습니다. 만져 봐야 하고 들여다봐야 하고 물어봐야 하지요. 그래서 호기심이 많은 아이를 키우는 부모님은 여간 피곤한 게 아니에요. 잘 다치고 부수고 어지럽히고 더럽히니까요. 심지어 자꾸 무언가 묻습니다. 질문할 때마다 대답해 준다는 게 참 힘들지요. 학교에서도 유난히 질문이 많은 아이들이 있어요. 어떨 때는 그 질문이 황당할 때도 있지만 아이의 입장에서는 모든 것이 궁금 덩어리이니 그럴 수밖에 없습니다.

그런데 말이지요. 저학년 중에는 벌써 호기심을 잃은 아이도 많습니다. 위험하고 귀찮아서 부모님이 아이의 호기심을 무시하고 눌러 버려서 그저 시키는 것만 잘하는 수동적인 아이가 된 것이지요. "궁금한 거 없나요?" 하고 물으면 온갖 질문이 나와야 하는데 몇 명의 아이를 제외하고는 다들 얌전히 앉아 교사가 알려 주길 기다립니다. 안타까운 일지이요. 미국의 바너드칼리지 심리학 교수인 리사 손 박사는 인간의 학습과 기억, 메타인지를 연구해《메타인지 학습법》(21세기북스)을 출간했는데요. 이 책에 "엄마, 이건 왜 이런 거야?"와 같은 질문이 학습에는 매우 중요한 '열쇠'라고 썼습니다. 아이들이 무언가에 궁금증을 갖는 게 바로 학습의 시작이기 때문이지요.

앞에서 좋은 글이란 자신만의 느낌과 생각을 붙잡아서 쓴 글이라고 말씀드렸지요. 자신만의 생각이나 느낌을 붙잡는 것은 자세히 보아야, 귀 기울여 들어야, 손으로 만져 보고 느껴 보아야 가능한 일입니다. 아이가 그런 힘을 기르려면 아이의 호기심을 눌러서는 안 됩니다. 궁금해하면 함께 궁금해하고 관찰하며 대화를 나누는 것이 일상이 되어야 합니다.

그럼 무엇부터 관찰하면 좋을까요? 아이가 어리다면 아이가 읽는 그림책부터 시작해도 됩니다. 그림을 자세히 보며 이야기를 나눠 보세요. 아이는 많은 것을 찾아냅니다. 산책을 하다가 나무와 새와 꽃과 구름과 하늘을 함께 보며 이야기를 나눠 보세요. 아이의 입에서 시가 나올 거예요. 자동차, 건물, 간판, 가게, 운동장, 마트, 병원 등 그냥 보고 지나치지 말고 뭐라도 아이가 발견하도록 유도해 보세요. 아이의 한마디에 "그런 것도 발견했어? 대단하다!"라고 칭찬해 주면 아이의 눈은 더 예리해질 거예요.

이외에도 강가의 돌멩이 하나, 나뭇잎, 가족의 손, 신발, 내 얼굴 등 관찰거리는 무궁무진합니다. 자세히 관찰하는 힘은 글을 쓰는 데 큰 힘이 되어 줄 거예요. 관찰력은 글쓰기뿐만 아니라 그리기, 만들기 등 여러 분야에서 꼭 필요한 능력입니다. 축구를 하는 사람이 축구를 잘하려면 잘하는 사람의 폼과 기술을 잘 관찰할 수 있어야 합니다. 노래, 무용도 마찬가지지요. 관찰하는 능력은 아이의 삶을 한 단계 끌어올리는 원동력이 될 것입니다. 관찰력을 통해 글쓰기가 풍성해지고 글쓰기를 통해 관찰력이 올라가는 선순환이 이루어지면 아이의 삶은 저절로 행복해질 것입니다.

생각이나 느낌이 드러난 글쓰기를 강조하면 어떤 글이 나올까요? 다음 두 아이가 쓴 시를 읽어 봅시다.

생각

김태우

생각은 정말 신기하다.
생각은
우리가 머리에 떠올린다.
생각은
우리가 무언가 할 때 생각을 해
준다.
그림을 그릴 때
어떻게 그려야 하는지 생각한다.
생각은
누구든지 필요한 거다.
누구든지 할 수 있고
또 가장 중요한 거 같아.
생각은 정말 신기하다.

생각과 느낌

한윤하

생각은 뭐고
느낌은 뭘까?
궁금한 게 생겼다.
시 쓸 때
생각과 느낌을 왜 써야 할까?

시는 재밌다.
그런데
생각과 느낌을 써야 한다.
그래서 어렵다.

아이들이 어른의 가르침에 얼마나 민감한지 두 시를 보면 알 수 있어요. 2학년 아이들이 생각과 느낌에 대해 고민하고 있지요. 이런 아이들은 글쓰기를 통해 엄청나게 성장합니다. 하지만 저학년이 생각과 느낌을 찾아내기란 참으로 힘든 일입니다. 초등학생이 될 때까지 생각과 느낌을 찾는 경험을 해 본 아이는 거의 없을 테니까요.

'빙산의 일각'의 일각이라는 말을 많이 쓰지요? 빙산에서 보이는

부분은 아주 작은 부분에 지나지 않습니다. 바닷속에 잠긴 엄청난 빙산의 양은 바로 우리의 무의식과 잠재의식을 나타냅니다.

우리 아이들의 잠재의식 속에 들어 있는 수많은 생각이나 느낌들을 수면 위로 끌어올리는 것이 바로 우리 어른들이 해야 할 일 아닐까요?

사고력 개발과 연구의 권위자 차오름은《사고력 훈련 수업》(미래아이)의 책머리에서 "자신이 누구인지 알고, 자신의 감정이 어떠하며, 자신의 생각이 어떠한지 아는 것이야말로 창의적인 글쓰기의 든든한 바탕이 됩니다"라고 밝혔습니다. 어떻게 해야 아이들의 생각과 느낌을 퍼 올릴 수 있을까요? 무조건 "너의 생각과 느낌을 써 봐!"라고 해서는 절대로 나오지 않습니다.

글똥누기 방법을 떠올려 봅시다. 본 것, 들은 것, 있었던 일을 쓸 때 지우개를 쓰지 않고, 멈추지 않고 무조건 써야 합니다. 그러다 보면 생각이 떠오르기 때문이에요. 이오덕 선생님은 느낌과 생각이 삶에서 나온 것이니까 삶의 체험을 적어 놓으면 느낌과 생각이 저절로 그 속에 나타나게 된다고 했어요. 또《강원국 백승권의 글쓰기 바이블》(ccc)에 보면 〈파인딩 포레스트〉라는 영화의 대사를 인용해 놓았는데요. 바로 옮겨 볼게요. "생각 금지, 생각은 나중에 떠오르는 법. 처음엔 그냥 가슴으로 써라. 다음엔 머리로 고쳐 써라. 글을 쓰는 첫 번째 열쇠는 생각하는 것이 아니라 쓰는 것이다."

아이가 쓴 글에서 생각이나 느낌을 찾을 수 없다면 쓴 글을 보고 "그래서 어떤 생각이나 느낌이 들었어?"라고 물어본 다음 아이가 말한 대로 글을 추가하면 생각이나 느낌을 담을 수 있습니다. 글쓰기의 마지막은 항상 칭찬이라는 것, 잊지 마세요!

☑ 말로 글쓰기

2학년의 3월은 1학년 수준과 비슷합니다. 글쓰기는 특히 비슷하지요. 저학년부터 개인차가 심하게 나타나는 분야가 바로 글쓰기입니다. 그래도 1학년을 보내며 문장쓰기를 해 왔기 때문에 글똥누기 지도가 가능하더군요. 처음에 글쓰기를 쉽게 느끼도록 하기 위해서 저는 누군가에게 말하듯이 쓰라고 했습니다. 외계인도 좋고, 친구도 좋고, 엄마도 좋다고요. 그렇게 글똥누기 첫 발을 내디뎠습니다. 아래 글은 2학년 학생이 말하듯 쓴 글입니다.

> 2021년 3월 17일 수요일
>
> 날씨: 맑고 따뜻한 날
>
> 제목: 안경
>
> 안경은 동그란 게 두 개 있어. 그리고 옆에는 길쭉한 선 같은 게 있어. 그리고 안경은 시력이 안 좋은 사람의 눈을 잘 보이게 해 주어서 시력이 안 좋은 사람에게 꼭 필요해. 그래서 사람들은 안경을 써. 그치만 안 좋은 점도 있어. 바로 장난을 치거나 놀 때 다칠 수 있어.

《아홉 살 마음 사전》(박성우, 창비)에는 "글은 말로 그리는 그림, 마음을 눈에 보이게 말하자"라는 문장이 있어요. 글쓰기를 어려워한다면 아이와 이야기를 나눈 다음 말한 대로 써 보게 하거나 대신 적어 주세요. 이오덕 선생님도 글을 쓸 때는 말재주를 부리기보다는 소박하게, 우리가 보통 입으로 하는 말로 쓰는 것이 더 좋은 글이라고 하셨어요. 말하듯이 쓰게 하면 자기의 생각이나 느낌을 더 편하게 표현할 수 있습니다.

☑ 자세히 쓰려면 친절하게

학교에서 글쓰기를 하는 선생님마다 하는 말이 있습니다.

"자세하게 쓰세요!" "구체적으로 쓰세요!"

하지만 이렇게 아무리 이야기를 해도 아이들의 글은 두루뭉술하기만 합니다. 어떻게 하면 아이들이 자세하게 그리고 구체적으로 글을 쓸 수 있을까요?

먼저 자세하게 쓴 좋은 글을 살펴보겠습니다.

제목: 미꾸라지

오늘 우리 집 앞 도랑에서 미꾸라지를 잡았다. 아빠는 도랑 중간에 통발을 놓아 주었다. 우리 집에 있는 도랑에 통발 7개를 놓아두었는데 소고사람들이 주워갔다. 어떤 사람은 통발을 주워가다가 동네 사람에게 들켜서 못 주워갔다. '왜 남의 통발을 훔쳐가나? 도둑놈들!' 나는 마음속으로 욕을 했다. 도랑에서 미꾸라지 8마리를 잡고 옷을 다 버렸다. 아빠는 오늘 아침에 동네 사람과 같이 가서 논에도 통발을 놓아두었다. 통발을 보니 미꾸라지가 몇 마리 보였다.

"저 쪽으로 빨리 가서 아빠 쪽으로 귀신같이 온나!"

아빠가 소리쳤다. 아빠와 나는 논 이 쪽에서 저 쪽까지 훑어서 미꾸라지를 잡았다. 통발에서 미꾸라지들이 서로 빠져나오려고 꿈틀거렸다. 오늘은 미꾸라지를 최고로 많이 잡아서 뿌듯했다.

♣ **글을 자세히 쓰려면**

- 육하원칙(언제, 어디에서, 누가, 무엇을, 어떻게, 왜)이 들어가게 쓰기
- 시간의 흐름을 따라가며 쓰기
- 장소의 바뀜을 생각하며 쓰기
- 본 것, 들은 것, 느낀 것을 생각하며 쓰기
- 하나의 이야기에만 집중하여 쓰기
- 대화글, 의성어, 의태어, 꾸며 주는 말을 넣어서 쓰기

'미꾸라지'는 5학년 남학생이 쓴 글입니다. 요즘은 농약 때문에 그럴 수 없지만 옛날에는 마을 도랑이나 논에서 미꾸라지를 직접 잡아서 추어탕을 끓여 먹었어요. 생각은 작은따옴표로, 대화글은 큰따옴표로 그대로 옮겨 놓으니 실감나는 글이 되었습니다. 구체적으로 글을 쓰지 못할 때는 좋은 글을 함께 보며 이야기를 나눠 보는 것이 좋습니다.

좋은 예시글은 교과서나 동화책에서 더 많이 찾아 참고할 수 있습니다. 다음 글은 초등학교 2학년 2학기 국어-가에 수록된 글의 일부입니다.

아이들이 술래잡기를 함께하자고 해서 고마웠다. 새 운동화를 신고 달리니 붕붕 날아가는 것 같았다.
"가은아, 오늘 정말 잘한다."
내게 한 번도 잡힌 적 없던 채현이가 나에게 잡히면서 말했다. 새 운동화를 신어서 달리기가 더 빨라진 것 같았다.

이렇게 짧은 글에서 우리는 글을 자세히 쓰려면 어떻게 써야 하는지 찾아볼 수 있어요. "붕붕 날아가는 것 같았다"처럼 '~하는 것 같았다. ~하는 것처럼'과 같이 다른 것에 빗대어 표현하면 더 좋은 글이 되지요. "가은아, 오늘 정말 잘한다"는 가은이가 채현이한테 들었던 정말 특별한 말이었겠지요. 그런 인상 깊었던 말은 이렇게 큰따옴표를 사용하면 더 실감이 납니다. "내게 한 번도 잡힌 적 없던 채현이"는 그냥 꾸며주는 말 없이 쓰는 '채현이가'보다 달리기를 잘했던 채현이를 내가 붙잡았다는 뿌듯함을 생생하게 전달합니다. 책을 읽다가 이렇게 좋은 문장을 만날 때마다 아이들과 이야기를 나눠 보세요. 빗대어 표현하거나 꾸며주는 말을 적절히 사용하면 생각이 더 깊어지고 자신의 느낌과 생각을 제대로 붙잡을 수 있게 됩니다.

아이가 자세히 쓰라는 말을 잘 이해하지 못하면 무언가를 말로 묘사해 보세요. 그런데 한 번은 간단히, 한 번은 자세히 묘사한 후 그림으로 그리게 해 보는 거예요.

첫 번째 그림

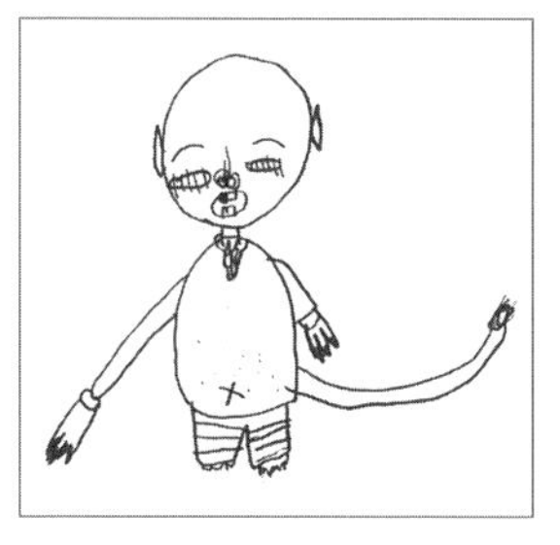
두 번째 그림

첫 번째 그림은 선생님이 같은 동물에 대해 한 번은 대충 설명하고, 두 번째는 자세하게 설명해 준 뒤 그린 그림입니다. 이렇게 그림을 그려 본 후 자세히 설명한 그림과 대충 설명한 그림의 차이에 대해 이야기를 해 보면 자세히 쓴 글과 그렇지 않은 글의 차이점을 이해할 수 있습니다.

그리고 글을 자세히 쓴다는 것이 어떤 의미인지 설명해 줍니다. 외국인이 길을 물어보았을 때 "이리로 쭉 가다가 은행 앞에서 횡단보도를 건너세요. 그런 다음 오른쪽으로 가서 처음 만나는 골목으로 들어가면 식당이 나옵니다." 하고 안내해 주면 외국인이 식당을 잘 찾아갈 수 있듯이 글쓰기도 그렇게 친절해야 한다고요. 내 글을 읽는 사람이 잘 이해할 수 있도록 친절하게 쓰면 자세히 쓴 좋은 글이 된다고요.

있었던 일을 나열하는 글쓰기에서 점차 한 가지 주제에 대해 자세히 쓸 수 있어야 하는데요. 그러려면 자주 "있었던 일 중에서 가장 쓰고 싶은 것 한 가지만 써라!"라고 강조해 주어야 합니다. 아이들은 축구에 대해서 쓴다고 해 놓고 아침에 있었던 일부터 시작해서 축구하고 나서 아이스크림 먹은 것까지 쓰려고 합니다. 처음에는 글을 쓰는 재미도 느끼고 생각을 어떻게 풀어낼지 잘 모르니까, 생각나는 대로 쓰려니 그럴 수 있어요. 하나의 주제에 대해 자세히 쓰기 위해서는 제목을 잘 뽑는 것이 중요합니다. 가장 쓰고 싶은 이야기를 먼저 찾도록 해 주세요.

잘 쓰려면 자주 쓰는 수밖에 없습니다. 세상의 모든 이치가 그런 것 같아요. 악기도 운동도 그림도 꾸준한 연습, 자기 자신과의 싸움 없이는 실력을 높일 수가 없지요. 어렸을 때부터 글쓰기 힘을 길러 놓으면 나중에 글을 써야 하는 어떤 상황이 와도 쉽게 받아들일 수 있을 거예요.

☑ 글쓰기를 힘겨워하는 아이, 관찰글쓰기부터

관찰글쓰기는 보이는 대로 적는 글쓰기입니다. 느낌이나 생각을 강조할 필요가 전혀 없기 때문에 부담 없이 쓸 수 있습니다. 글쓰기를 많이 해 보지 않았거나 힘들어한다면 관찰글쓰기부터 시작해 보세요. 우선 아이의 시선이 머무는 곳에 있는 물건부터 보이는 그대로를 쓰라고 하면 됩니다. 우리반 아이들과 쓴 관찰글쓰기 소재는 연필, 안경, 나의 모습, 가위, 선생님, 놀이터, 자전거, 운동장,

아빠, 엄마, 병원, 나무, 가방 등이었어요. 처음에는 보이는 대로 나열만 하다가 물건의 쓰임새나 그 물건에 담긴 이야기, 느낌들도 쓰기 시작하더군요.

집에서 쓸 수 있는 관찰글쓰기 소재를 살펴볼까요? 먼저 엄마 아빠를 비롯한 가족, 안방이나 자기 방에 대한 관찰, 화분과 식물, 화장실, 반려견이나 반려묘, 시계, 컴퓨터, 집에서 기르는 곤충, 어항, 신발장, 우산, 베란다, 옷장, 책장, 거실, 아끼는 장난감 등 다양한 소재들이 아이들의 관심을 기다리고 있습니다.

시계에 대해 쓰기 시작한 아이가 "시계는 시간을 알리는 바늘과 분을 알리는 바늘이 있다"라고만 쓰고 무엇을 더 써야 할지 몰라서 연필을 멈추었다면 이렇게 힌트를 주세요. "우리 집 시계는 어떤 모양이야? 시계가 있어서 좋은 점이 무엇일까? 언제 시간이 빨리 가는 것 같아? 너는 어떤 시계를 갖고 싶니? 시계가 없다면?"과 같은 질문을 천천히 던져 보세요. 그러면 다시 연필을 움직이기 시작할 거예요.

아이와 산책을 하면서 그날 쓸 관찰글쓰기 소재를 정해도 좋습니다. 먼저 나무, 곤충, 하늘, 강아지풀, 들꽃 등을 꼼꼼히 관찰하는 것이 중요하겠지요. 관찰글쓰기를 하면서 그것을 만졌을 때의 느낌도 찾아보게 하세요. 그러면 생각과 느낌이 들어간 더 발전된 관찰글쓰기를 할 수 있게 됩니다. 글똥누기를 시작한 지 한 달 정도

되어 나무를 관찰하고 쓴 2학년 여학생의 관찰글쓰기입니다.

2021년 4월 7일 수요일

날씨: 따뜻해서 내가 좋아하는 멜빵치마 입고 온 날

제목: 나무

나무는 여러 가지 종류가 있어. 과일 나무도 있어. 나무는 길쭉한 나무, 뚱뚱한 나무 등 여러 가지 길이가 있어. 그리고 나무에는 줄기, 나뭇잎, 나뭇가지가 있어. 하지만 나무는 계절마다 나무가 달라. 겨울은 나뭇잎이 없고 나뭇가지만 있고, 봄에는 나무에 꽃잎이 펴. 그리고 여름은 초록초록한 나뭇잎이 펴. 그리고 가을은 은행나무, 단풍나무 등 나뭇잎이 물들어서 다양하고, 알록달록 숲이 돼. 그래서 나무는 계절마다 달라. 그리고 나무에는 새들이 둥지를 만들어서 거기서 쉴 수도 있어. 그래서 나무는 다양해. 안녕.

관찰력을 기르는 방법 가운데 자세히 그리기가 있습니다. 주변에 있는 학용품부터 시작해서 생활용품을 보고 자세히 그려 보는 것이지요. 그러다가 손이나, 발, 식물, 동물이나 곤충 사진을 보고 자세히 보고 그리면 평소 무심히 지나쳤던 것들을 발견하게 됩니다. 자세히 그리다 보면 그냥 보는 것과 관찰하는 것의 차이를 자연스럽게 깨닫게 되는 거지요. 4학년을 담임했을 때 아이들에게 부모님 손과 발을 자세히 그려 보고 나서 글쓰기를 했는데 그 효과를 실감할 수 있었어요. 4학년 여학생이 엄마 손을 자세히 그리고 나서 쓴 관찰글쓰기입니다. 자세히 관찰하다 보면 관찰하는 대상에 대한 생각이나 느낌이 저절로 일어납니다. 그 일어나는 생각을 잘 붙잡아서 솔직하게 나타낼 때 좋은 글이 탄생합니다.

제목: 엄마의 손

엄마의 손을 그려 보았다. 엄마의 손을 만져보니 까끌하며 손도 컸다. 나는 11년간 키워 오신 어머니께 감사하다고 말씀드리고 싶었지만 그럴 용기가 나지 않았다.

엄마는 주무실 때마다 손가락이 아프다고 하신다. 엄마는 젊었으면서도 이마엔 주름살이 많으시다. 그럴 땐 다음부터 어머니 속을 썩이지 않아야지 하고 생각했다.

엄마는 손등에 사마귀 같은 것이 나 있다. 하지만 그것은 사마귀가 아니다. 엄마는 점을 빼는 사람한테 점을 빼다가 더 크면서 징그러워졌다. 그래도 어머니를 사랑하는 마음은 그대로이다.

그런데 엄마의 손의 손가락 하나가 툭 튀어나왔다. 참 이상하다. 그래도 우리 엄마가 제일 좋다

강낭콩을 집에서 길러 본 적 있나요? 강낭콩은 씨앗이 커서 키우기가 쉽고 식물의 한 살이 과정을 쉽게 관찰할 수 있습니다. 4학

년 과학교과에서 다루고 있지만 학년에 상관없이 집에서 길러 보세요. 기르면서 자라는 과정을 글똥누기 시간에 쓰면 관찰력도 기르고 관찰글쓰기를 잘 할 수 있게 됩니다. 4학년 아이가 강낭콩을 꾸준히 관찰한 다음 '나는 강낭콩 씨앗입니다'라는 제목으로 쓴 관찰글쓰기입니다. 강낭콩에서 꿈을 연결시키는 사고의 확장이 눈에 띄는 글입니다.

제목: 나는 강낭콩 씨앗입니다

나는 강낭콩 씨앗입니다. 움직이며 걸어 다니는 것을 못 한다고 해서 결코 하찮은 생명체가 아닙니다. 아무리 내가 걸어 다니지도, 글을 쓰지도 못 하지만 나는 내 자신이 소중합니다.

여러분도 부모님이 조금 속상해 하시거나 혼을 내시면 "아, 나는 도대체 왜 태어났을까? 차라리 태어나지 말걸." 하고 짜증을 내는 경우가 많이 있었을 것이지만 그래도 자신을 소중히 여기고 있을 것입니다.

나는 비록 걸어 다니지도 못하고 좋은 선물을 받지 못해도 내가 생명 아니 여러분들에게 맛있는 강낭콩을 줄 수 있다는 것이 여러분들에게 아니, 남에게 도움을 줄 수 있다는 것만으로도 나는 기쁩니다. 나는 언젠가 싹을 터서 떡잎을 맺고서야 맛있는 강낭콩을 얻게 되겠지요?

나도 여러분처럼 꿈이 있습니다. 떡잎을 맺어서 강낭콩을 얻는 것이 내 꿈입니다. 꼭 자기 꿈을 이룰 수 있다고 저는 믿습니다. 여러분도 꼭 꿈을 이루세요.

☑ 느낌글쓰기로 나의 생각이나 감정 마주하기

관찰글쓰기로 5분 글똥누기 시간이 익숙해지고, 글쓰기가 편안해지면 느낌글쓰기를 해 보세요. 관찰글쓰기가 시선을 바깥에 둔 글쓰기였다면 느낌글쓰기는 내면을 향한 글쓰기입니다. 느낌글쓰기의 주제로는 내가 행복할 때, 내가 시원하다고 느낄 때, 힘들 때, 따뜻하다고 느낄 때, 오싹오싹할 때, 심심할 때, 신날 때, 무서울 때, 황당할 때, 감사할 때, 미울 때, 슬플 때, 화날 때 등이 있어요. 이렇게 느낌이나 감정을 나타내는 글쓰기를 할 때는 솔직하게 쓰는 것이 제일 좋습니다. 부모님도 어떨 때 그런 느낌과 감정이 드는지 함께 대화를 나눠 보세요. 그러면 더 자신감을 가지고 글쓰기에 자신의 생각, 느낌, 감정을 드러내게 됩니다. 다음 글은 2학년 여학생이 쓴 느낌글쓰기입니다.

2021년 4월 8일 목요일

날씨: 햇살이 따뜻한 날

제목: 내가 행복할 때

나는 하늘을 볼 때 가슴이 뻥 뚫려. 그럴 때는 기분이 좋아. '아, 상쾌하다' 라고 이야기하고 싶어. 하늘을 보면 기분이 맑아지면서 기분도 좋아지는 거야. 그리고 가족과 함께 있을 때가 가장 행복해. 그럴 때는 이렇게 이야기하고 싶어.

"엄마, 아빠 사랑해!"

3월 한 달 동안 관찰글쓰기를 하고 나서 느낌글쓰기를 하면 이렇게 자유롭게 자신의 마음을 표현합니다. 처음에는 잘 알 수 없던 자신의 감정, 느낌을 자주 맞닥뜨리게 되면서 알아차리는 거예요. 그래서 글쓰기를 잘 하게 되면 자기 자신을 잘 알게 되는 것이지요. 글쓰기는 이렇게 자신을 성찰하게 하는 힘이 있어요. 글쓰기를 많이 하면 국어성적에 도움이 된다느니 나중에 대학 가기 유리하다느니 하는 것은 자연스럽게 따라오는 결과들이고, 글쓰기의 가장 큰 축복은 바로 자기 자신이 소중한 존재라는 것을 깨닫게 되는 것이 아닐까 합니다.

생각이 많은 5학년 여학생의 '생각'이라는 주제의 글을 한 번 읽어 볼까요. 우리 아이들은 이렇게 저마다의 생각과 느낌으로 성장하고 있습니다.

제목: 생각

나는 여러 생각을 한다. 물건을 들고 갈 때는 '이 물건에 눈이 있다면 어떨까? 또 이 물건이 말을 한다면 어떨까? 우리 말도 들을 수 있다면 우리와 이야기할 수 있을 텐데. 또 이 물건은 누가 주인일까? 어디에서 태어났을까?'

지나가다가 잠자리를 볼 때도 '저 잠자리는 어떻게 해서 태어나는가?' 그 과정을 알고 싶다. '잠자리는 어떤 먹이를 먹는 것인가?' 이러한 생각도 한다.

사람들은 누구나 생각이 다르다.

☑ 읽다 보면 미소가 절로 나는, 겪었던 일 쓰기

아이들은 일기 쓰기를 참 싫어합니다. 그 이유 가운데 하나는 바로 쓸 거리가 없다는 건데요. 학교 마치면 학원 갔다가 집에 오는 하루하루가 비슷해서 일기를 쓸 소재가 없다는 거지요. 글쓰기를 쉽게 시작하지 못하는 아이들을 보면 대부분 쓸 거리를 제대로 찾지 못해서 그런 경우가 많습니다. 그런 아이들도 자신에게 잘 맞는, 쓸 거리가 풍부한 글감을 만나면 주저하지 않고 신나게 글을 쓰는 것을 보면 아이들에게 글감은 정말로 중요합니다. 그래서 꼭 매일 일기를 쓰기보다는 다양한 글감으로 자유롭게 글쓰기를 하는 것이 글쓰기와 친해지는 방법입니다.

아이들이 쉽게, 즐겁게 쓰는 글감

① 친구들과 있었던 일: 싸웠던 일, 즐겁게 놀았던 일, 오해했던 일, 친구 집에 가서 놀았던 일, 생일파티, 노래방 갔던 일
② 학교에서 있었던 일: 체육시간, 장기자랑, 달리기, 피구, 시험, 받아쓰기, 발표, 급식시간, 체험활동

③ 특별했던 일: 이상한 꿈, 외식, 일하고 나서, 자전거 배우기, 아팠던 일(병원에 갔던 일), 목욕, 선물을 받은 날, 재미있게 드라마 본 일, 캠핑, 쇼핑, 가족여행, 형제자매랑 싸웠던 일, 등산, 낚시, 산책, 운동

겪은 일을 쓸 때는 겪은 일이 잘 드러나게 써야 합니다. 요즘 초등학교에서는 지필 평가를 하지 않지만 몇 년 전만 하더라도 한 학기 두 번 지필 평가를 했었지요. '시험'이라는 글감을 가지고 쓴 두 아이의 글을 비교해 보겠습니다.

제목: 시험

나는 시험을 쳤다. 참 싫었다. 왜 시험이 있는지 모르겠다. 학교에서는 공부만 하면 되는데 시험을 친다. 참 지겨웠다. 그러나 학교의 법이니 나는 어쩔 수가 없다. 꼭 중간은 받아야지 다짐하였다.

제목: 시험 치는 날

오늘은 시험 치는 날이다. 갈 때 어머니는 "시험 잘 보렴." 하셨다. 하지만 난 자신이 없었다.'벼락공부로 무슨 효과가 있을까?' 생각했다. 학교로 가는 내 발걸음은 무겁기만 하였다. 하지만 부처님이 내려주신 내 운명이라 생각하고 있었다.

드디어 "드르륵" 하고 선생님이 문 여는 소리, "드디어, 시험!"

시험지를 받자마자 내 눈은 마치 어둠에 휩싸여 있는 것처럼 캄캄했다.

나는 아이들이 다 풀었나 해서 슬그머니 살펴보았다. 다 한 아이도 있었고 아직 안 푼 아이도 있었다. 나는 시험지 중에 수학이 제일 어려웠다. 끝나는 종이 울리자 내 마음은 "쿵덕쿵덕" 다른 아이들은 시험이 끝났다고 "우르르르" 하지만 내 마음은 죽을 것처럼 걱정으로 메워져 있었다. 제발 잘 쳤으면 좋으련만….

시험 치는 날은 누구나 떨리고 두렵습니다. 두 글 가운데 어느 글이 더 좋은 글인지 단박에 아시겠지요? 두 번째 글은 시험 치는 날 아침에 시험 잘 보라는 어머니의 부담스런 말부터 학교에서 선생님이 시험지를 들고 문을 여는 장면까지 자세하게 나타내었습니다. 그리고 겪은 일 사이사이에 들어간 아이의 느낌은 글을 더욱 맛깔나게 해 줍니다. 하지만 첫 번째 아이의 글이 밋밋하다고 해서 이 아이는 원래 글쓰기를 잘 못하는 아이라고 판단해서는 안 됩니다.

첫 번째 글을 쓴 아이는 시험에 대해 그렇게 신경을 쓰는 아이가 아니라서 별 생각이 없으니 쓸 거리가 없었습니다. 앞서 말씀 드린 대로 시험이라는 글감이 이 아이에게 글을 쓸 의욕을 주지 않았던 것이지요. 그래서 아이가 글을 썼을 때 섣부른 판단을 경계해야 합니다. 조금이라도 썼다면 칭찬해 주고 지적하고 꾸짖기보다는 잘 쓴 글을 보여 주거나 읽어 주는 것이 좋습니다. 그럼 다음번에 자신에게 맞는 글감이 주어졌을 때 좋은 글을 쓸 수 있습니다. 여러 번 강조했듯 아이의 글을 자꾸 지적만 하고 판단한다면 아이는 글쓰기에 대한 흥미를 완전히 잃을 수도 있기 때문에 조심해야 합니다.

겪은 일이 잘 드러나려면 말이나 생각을 문장부호(큰따옴표와 작은따옴표)로 나타내면 좋습니다. 4학년 남학생 영우는 자전거 연습을 하다가 다쳤는데 부모님한테 혼날까 봐 상처를 숨기려다 들키고 말았어요. 그 상황을 문장부호를 넣어 썼더니 더 실감나는 글이 되었습니다.

제목: 조심하자!

이제 나는 자전거 연습을 많이 한다. 사고는 많이 났지만 오늘 난 사고가 제일 아프고 제일 위험한 사고일 것 같다.

내가 자전거를 자신만만하게 타고 있었다. 그러다 철 같은 데 짝 긁혔다. 너무 아팠지만 울음은 참았다. 얼마나 긁혔냐 하면 옷이 찢어져서 구멍이 날 만큼 엄청 세게 갈았다. 그래도 꿋꿋하게 타서 집에까지 갔다.

물 먹으러 냉장고 문을 열다 아빠한테 들켰다.(다친 왼팔은 가리고 있었다.) 내가 아빠한테 안 들키려고 오른쪽 손으로만 만져서 아빠가 "왼쪽 팔은 뭐 맛있는 거라도 있나 좀 보자!"라고 했다. 그 때 나는 가슴이 뜨끔거렸다. 어쩔 수 없이 왼쪽 팔을 내밀었다. 아빠가 상처를 보고 "이게 뭐꼬? 니 자전거 타다 넘어졌재? 응?" 나는 어쩔 수 없이 "응"이라고 했다.

엄마가 연고를 발라주고 밴드를 붙일라고 했는데 너무 길어서 못했다. 그래서 연고만 발라주었다. 조심해서 타야겠다.

겪은 일이 잘 드러나게 글을 쓸 때는 제목을 멋지게 지어보게 하세요! 그러려면 '오늘 무엇에 대해 써야지!' 하는 쓸 거리를 한 가지로 정해야 합니다. 4학년 담임을 맡았을 때 학급문집을 만든 적이 있는데 제목을 지도한 다음 아이들의 글이 몰라보게 좋아졌다는 것을 느낄 수 있었어요. 아이들이 뽑은 제목을 살펴보겠습니다.

·할머니 집 고추밭에서 일을 도와드리고 용돈 받은 일
⋯› 돈 벌기는 힘들어!
·하루 종일 피곤해서 하품이 많이 나온 일
⋯› 하품이 하루를 이끄는 날
·가방을 잃어버린 일
⋯›가방! 내 가방!
·수영장에 가서 놀았던 일
⋯› 아! 즐거운 수영장이다!
·친구 집에 놀러가서 놀았던 일
⋯› 진우야! 오늘 참 재밌었다!
·반별 달리기 대회를 한 날
⋯› 우리 반 빨리 좀 달리지!

· 체육시간에 축구를 하고 나서
…› 축구가 이렇게 힘든 줄 몰랐어!

제목을 보면 모두 느낌표(!)로 강조하고 있지요. 겪은 일을 쓸 때는 가장 기억에 남거나 인상 깊었던 일을 쓰기 때문에 제목에 그 감정이 녹아들기 마련이에요. 이렇게 제목을 정하고 글을 쓰면 더 실감나게 쓸 수 있습니다. 축구라는 제목보다는 "축구를 하면서 어떤 일이 가장 기억에 남니? 어떤 일이 가장 인상 깊었니?" 하고 물어보면 아이의 대답에서 제목을 찾아낼 수 있습니다. "내가 한 골 넣어서 너무너무 기분이 좋았어요!"라고 했다면 '야호! 골인이다!' 등으로 표현하도록 하면 되겠지요.

겪은 일 쓰기는 특별한 경험을 해야만 쓸 수 있는 것일까요? 결코 그렇지 않습니다. 아이가 쓸 거리가 없다고 하면 아래 글을 읽어 주세요. 학교 마치고 친구와 집으로 돌아오는 길, 그 평범한 일상 속에서도 이렇게 좋은 글이 나올 수 있습니다.

제목: 집으로 돌아오는 길

나는 매일 같은 동네에 사는 영아와 같이 집으로 온다. 빨리 청소한 사람이 기다려 준다. 오늘도 그렇게 돌아왔다. 우리 둘은 한 이야기를 꺼내면 시간 가는 줄 모르게 빨리 집으로 온다. 이런저런 이야기하다 "여기까지 왔네! 벌써." 이런다.

우리 둘의 사이에 못할 말이 없는 것 같다. 우리들의 얘기는 아무 내용이나 이야기의 주제가 된다. 우리는 서로 이야기를 하다 보면 같은 점도 많이 찾을 수 있다. 어떨 때는 친구 이야기를 꺼냈다가 또 선생님을 주제로 이야기를 한다. 아니면 텔레비전 방송을 주제로 하는 때도 종종 있다.

그러다 집 가까이 오면 손을 흔들거나 아니면 "안녕!" 이렇게 하는 것이 하나의 습관이 되었다. 이 먼 길도 아직 못한 이야기도 생각이 난다.

☑ 한 달에 한 번은 시 쓰기

비가 갠 아침, 2학년 아이들을 데리고 시를 찾으러 운동장으로 나갔습니다.

"얘들아! 하늘도 보고 나무도 보고 화단에 있는 꽃과 곤충도 보고 강아지풀도 보면서 무엇이 떠오르는지 마음의 소리에 귀 기울여 봐!"

우리 반 아이들 손에는 모두 시 수첩이 들려 있고, 생각이나 느낌이 떠올랐을 때 바로 그 자리에 앉아서 적습니다. 한 달에 한 번 시를 썼더니 시 수첩에 무언가 적는 데 주저함이 없습니다. 선생님에게 와서 나무에 거미줄이 걸렸다고, 강아지풀이 간지럽다고, 하늘에 구름이 금방 걷히고 파란 하늘이 나타났다고 조잘댑니다.

모두 교실에 가자마자 A4 용지에, 시 수첩에 적은 것을 보며 시를 씁니다. 그렇게 다해의 '하늘'이라는 시가 태어났습니다.

하늘

김다해

오늘은 구름이 부끄러운지
보일라 말라한다.
어제는
신나게 비 내리면서 놀던데
오늘은 부끄럼을 많이 타네.
내일은 어떻게 할까?

아이들이 저마다의 생각과 느낌으로 나타낸 시는 광산에서 캐낸 보물과 같습니다. 너무나 사랑스럽고 기특합니다. 보고, 느끼고, 들은 것에서 자신만의 생각이나 느낌을 확 낚아채듯 붙잡아서 쓴 시는 그 어떤 시보다 가치가 있습니다. 어른이 쓴 시, 동시는 아이들이 쓴 시와 견주기도 어렵습니다. 아이는 타고난 시인입니다. 타고난 시인의 자질은 우리 어른들이 "그래, 그래! 잘 한다! 멋지다! 어떻게 이런 생각을!" 하면서 칭찬하고 존중해 줄수록 잘 발휘됩니다. 봄에 꽃구경을 한 날, 저녁 산책을 한 날, 아이가 개미나 다른 곤충을 관찰한 날, 비가 온 날에 시를 써 보게 하세요. 생활글과 마찬가지로 자신에게 잘 맞는 글감을 선택했을 때 좋은 시를 쓸 수 있습니다. 보거나 듣거나 있었던 일 중에서 가장 자신에게 와 닿았던 그 순간을 잡아챈 글감이라면 누구든지 좋은 시를 쓸 수 있어요. 하지만 그 순간은 쏜살같이 지나가 버려서 금방 잊어버리고 말아요. 막상 시를 쓰려고 하면 쓸 거리가 없어서 머리만 아프고 그렇게 억지로 쓴 시는 시와 더 멀어지게 만들고 말지요. 그래서 저는 시 수첩 만들기를 추천합니다. 손바닥 크기의 수첩을 들고 다니다가 갑자기 궁금해진 것, 갑자기 든 생각이나 느낌들을 수첩에 적는 거예요. 메모하는 습관은 좋은 점이 참 많은데 지속적으로 실천하기는 어렵지요. 그렇다면 '오늘 가장 특별한 일' 또는 '오늘의 기억', '오늘의 베스트'와 같은 제목으로 매일 한 줄씩 생각나는 것을 수첩에 적어 보는 거예요.

매일 학교를 마치고 집에 오면 "오늘 학교는 어땠니?" 하고 물어 주시는 어머니 덕분에 성공할 수 있었다는 경험담을 들은 적이 있어요. 학교에서 있었던 일을 들려드릴 때면 어머니는 귀담아 잘 들으시면서 맞장구를 쳐 주시는 것이 전부였다고 해요. 꼭 수첩이 아니라도 잠들기 전에 "오늘 하루 어땠니?" 하며 아이의 하루를 잘 들어 주면 자신의 생각이나 느낌을 붙잡으며 살아가는 아이로 자라갈 수 있어요. 자신의 생각이나 느낌을 잘 붙잡는 아이는 글쓰기뿐만 아니라 모든 면에서 당당하고 지혜롭게 살아갈 수 있어요.

꿈

잠에서 깨어나면

무엇인가 느낀다.

그건 꿈이다.

기쁜 꿈을 꾸고 나면

깨어서도 기쁘고

슬픈 꿈꾸고 나면

깨어서도 눈물이 난다.

그래서

꿈은

내 뒤를 졸졸 따라다닌다.

친구

친구는

서로 믿고

사이좋게 지내는 것.

우정은

의지할 곳 없으면

찾아가게 되는 곳.

어려울 때 도와주고

기쁠 때

기뻐해 주는 것이 친구.

'꿈'은 4학년 여학생이 쓴 시입니다. 우리는 수많은 꿈을 꾸지만 대부분 곧 잊어버리지요. 이 아이는 슬픈 꿈도 꾸고 기쁜 꿈도 꾸었는데 꿈이 계속 생각났나 봐요. 이 아이만의 꿈에 대한 생각이 잘 드러났지요. '친구'라는 시는 4학년 남학생이 쓴 시입니다. 고학년이 되면 이런 철학적이고 관념적인 시도 쓰기 시작하는데 생각이 많아지는 시기라서 그렇습니다. 시는 아이들의 생각에 윤을 냅니다. 생각이 더 깊어지고 넓어지지요.

벚꽃
박동준
봄이 되니
벚꽃이 피었어요.
벚꽃이 피어
꽃길이 펼쳐졌어요.
벚꽃 터널을 지나갈 때
꽃잎들이 날리면
예뻐요.
손에 꽃잎을 올려놓고
후~
날려보고 싶어요.
이제 곧 봄이 오나봐
김지나
이제 곧 봄이 오나봐.
나무가 살랑살랑
꽃에서 봄 향기가 사르르륵
참새들도 봄 노래를 부르고
이제 곧 봄이 오나봐
바람
김민
바깥놀이 시간이 되었다.
밖에서 놀다가
더워서
그늘에 앉았는데
나무가 살랑살랑
나무는 흔들리고
하늘은 예쁘다.
바람이 살랑살랑

아이들이 쓰고 그린 시화

☑ 글쓰기의 재미를 느끼는 다양한 방법의 글똥누기

유튜브 시청하고 나서 글똥누기

아이들에게 도움이 되는 내용의 유튜브 영상일지라도 오랜 시간 수동적으로 보는 데만 그친다면 자기 것으로 만들기 어렵습니다. 유튜브에서 전달하는 지식과 정보가 아무리 질적으로 우수하다 한들 아이의 자발적인 학습 의욕이 없다면 어떻게 효과를 볼 수 있겠어요. 오히려 뇌가 영상에 익숙해져 게으른 뇌가 되어 더 유의미한 학습을 받아들이기 어렵게 됩니다. 하지만 백 마디 말보다 잘 만들어진 영상 한 편이 유익할 때가 있다는 건 부정할 수 없습니다. 그런 재미있고도 유익한 영상을 보고 글똥누기를 해 보세요.

저학년 통합교과에는 계절별로 볼 수 있는 식물과 곤충 등 생물들을 많이 소개하고 있는데 만들기, 그리기 위주로 수업이 이루어지고 있습니다. 예를 들어 개미에 대해 배우는 시간에는 다양한 방법으로 개미를 만들거나 그릴 수 있어요. 그리고 개미에 관한 영상 중에서 가장 재미있게 구성된 것을 하나 보여 주면 아이들의 궁금증과 호기심을 채워 줄 수 있습니다. 이때 글똥누기를 하는 거예요.

일단 '개미' 동영상을 처음부터 끝까지 보기만 합니다. 그런 다음 정해진 시간 동안 멈추지 않고 개미를 주제로 동영상에서 보고 듣고 느낀 것을 적어 나갑니다. 아이들마다 기억하는 정도가 다른

데요. 수업 시간에 집중력 있는 아이들이 동영상을 보고 적는 내용도 풍부하더라고요. 집중력이 좋은 아이들은 어떤 상황에서도 집중을 잘하지만, 산만한 아이들은 재미있는 애니메이션에도 쉽게 집중하지 못합니다. 동영상을 보고 생각보다 기억하는 내용이 적다면 한 번 더 보여 주고 적게 하세요. 이 과정을 통해 아이의 집중력을 확인하고 키울 수 있습니다.

다음 글은 2학년 여학생이 '개미' 동영상을 보고 글똥누기 한 글입니다. 이렇게 동영상을 보고 글똥누기를 하면 새롭게 알게 된 지식과 정보를 장기기억 장치에 보관하여 탄탄한 자기 지식이 될 수 있습니다. 이외에도 달팽이, 개미, 사슴벌레, 개구리, 매미, 장수풍뎅이, 무당벌레에 관한 동영상을 보고 글똥누기를 해 보세요.

제목: 개미에 대하여

오늘은 개미에 대해서 알아 볼 거야! 개미는 다리가 6개야. 눈은 무려 1,000개 이상이야. 그리고 더듬이로 음식의 냄새, 방향을 알아. 개미는 머리, 가슴, 배로 나누어져 있어. 개미는 역할이 정말 다양해. 먼저 일개미는 음식이나 여왕개미가 낳은 아기들을 돌봐. 그다음엔 수개미야. 수개미는 여왕개미와 짝짓기를 해. 하지만 수개미는 짝짓기를 한 후 기력이 별로 없어서 빨리 죽지. 그다음엔 우리들이 가장 궁금해하는 여왕개미야. 여왕개미는 땅 속 아주 깊은 곳에서 살아. 그리고 일개미들이 가져온 먹이를 먹으면서 알을 낳아. 마지막으로 개미의 종류는 다양해. 그냥 개미, 불개미 등 다양한 종류를 가지고 있어.

고학년은 교과서의 내용을 복습하고 심화할 수 있습니다. 예를 들어 5학년 2학기 사회 역사 부분에서 안시성 전투에 대한 영상을 보고 글똥누기로 요약하고 정리하는 것이지요. 이외에도 각 나라에 대한 정보나 기후 변화 등 환경에 대한 영상, 인권이나 과학 분야 등 교과와 관련된 영상을 보고 글똥누기를 해 보세요. 휴대폰을 좀 더 유용하게 사용하는 경험을 하게 됩니다. 영상을 요약하거나 정리하다 보면 자신의 관점이나 생각, 느낌을 싣게 되면서 글쓰기에 대한 자신감을 얻게 됩니다.

영화 본 후 글똥누기

영화를 보고 나서 글똥누기는 주인공에게 편지 쓰기, 영화의 앞이나 뒷이야기 만들기, 줄거리 요약하기, 내가 주인공이었다면, 내가 감독이었다면 등 다양한 방법으로 할 수 있습니다.

엉뚱한 질문에 답하는 기발한 글쓰기

《창의력을 키우는 초등 글쓰기 좋은 질문 642》(826 VALENCIA, 넥서스Friends) 내용 중 이런 질문이 있습니다.

"바닷가에서 모래성을 쌓고 있는데, 편지가 들어 있는 병이 파도에 밀려와 여러분 앞에 멈췄어요. 편지에는 무슨 이야기가 쓰여 있을까요?"

이 질문을 2학년에게 보여 주고 글똥누기를 해 보았습니다. 평소 창의력이 남달랐던 아이가 한 글똥누기를 보고 많이 놀랐는데요. 이렇게 자신과 잘 맞는 글감은 그 아이의 잠재력을 더 빛나게 밝혀준다는 생각이 들었습니다. 제가 왜 놀랐는지 아래 글을 읽어 보면 아실 거예요.

나는 바닷가에서 모래성을 쌓고 있었다. 그런데 파도에 어떤 병이 밀려와 나의 앞에 멈췄다. 거기에는 'SOS'라고 적혀 있었다.

1년 전,

"꾁! 뭐지? 여기는 무인도인가? 음… 무인도 같다!"

나는 종이에 'SOS'라고 썼다. 그다음 병에 넣고 바다에 떠내려 보냈다.

눈치 채셨나요? 다른 친구들은 편지에 담긴 내용에 집중하여 글을 쓰는 동안 이 아이는 파도에 밀려온 병이 1년 전에 자신이 보낸 병이라고 생각을 했던 거예요. 평소 글쓰기보다는 이야기를 지어내고 친구들에게 들려주는 것을 좋아해서 글쓰기에 진전이 없었는데 이 글이 한걸음 내딛는 계기가 되었어요.

4부

독서와 글쓰기 통합교육으로
두 마리 토끼 잡기

1장

책으로 놀이하고 글로 남기고

독서도 중요하고 글쓰기도 해야 하는데 아이는 잘 따라와 주지 않고 가르칠 시간은 넉넉지 않습니다. 독서와 글쓰기 두 마리 토끼를 한 번에 잡을 수 있는 방법은 없을까요? 이번 장에서는 독서와 글쓰기를 통합하여 지도하는 법을 소개합니다. 책 읽기도 글쓰기도 그렇게 어렵지 않고 지루하지 않다는 것을 경험하는 것만으로도 큰 수확입니다. 학교에서도 독서와 글쓰기를 통합한 활동을 많이 다루고 있는데요. 가정에서도 쉽게 할 수 있는 독서와 글쓰기 통합교육을 살펴보겠습니다.

'책놀이'에 대해 들어봤을 거예요. 하지만 막상 집에서 아이와 책놀이를 하려니 마땅한 책이 없고, 어떻게 놀면 좋을지 막막할 때가 많지요. 책놀이는 독후 활동의 하나라고 생각하면 쉽습니다. 책의 내용이나 특징에 맞게 재미있는 놀이로 독후 활동을 해 보는 거지요.

《초등 독서력 키우는 읽기놀이》(박형주·조수진, 다우)에서 저자는 책 대화가 가장 좋은 책놀이며, 이 놀이의 즐거움이 독서의 즐거움으로 기억된다고 말합니다. 책을 읽고 책과 가장 어울리는 놀이를 하며 아이와 대화하는 시간은 아이를 더 지혜롭고 창의적으로 사고하게 합니다. 책놀이는 아이가 스스로 즐길 수 있도록 해야 합니다. 그러려면 아이의 특성과 기질에 맞는 활동, 즉 아이가 무엇을 하기를 원하는지 스스로 선택할 수 있는 기회를 주는 것이 중요합니다. 만들기나 꾸미기를 좋아하는 아이인지, 몸으로 움직이는 것을 좋아하는 아이인지, 깊이 파고들며 탐구하는 것을 좋아하는 아이인지 살핀 다음 아이에 맞는 놀이를 함께 찾아보길 권합니다. 예를 들어 이순신에 대한 위인전을 읽었다면, 거북선을 그리고 싶은지, 거북선을 만들고 싶은지, 거북선을 보러 여행을 가 볼 것인지, 이순신 미니북을 만들 것인지, 책에 나오는 내용으로 퀴즈를 만들 것인지를 정해서 해 보는 것이지요. 또 책에 나오는 신호연을 보고 따라 만들 수도 있고 한산대첩이나 명량해전의 중요 부분을 무대책으로 꾸밀 수도 있을 거예요.

책놀이를 하고 난 후 글쓰기는 쉽고 간단하게 하도록 하는 것이 좋습니다. 따로 시간을 만들어 하는 것보다는 매일 하는 글똥누기 시간을 활용하세요. 책놀이를 하고 나서 놀이를 소개하는 글이나 놀이를 하고 난 후 느낌이나 생각을 정리하면 됩니다. 놀이를 평가하는 글도 괜찮겠지요. 영상 제작에 관심이 많다면 자신이 만든 놀이를 영상으로 만들기 위한 제작 기획서를 작성해도 좋습니다. 책도 소개하고 책놀이도 소개하는 유익한 교육 영상이 되지 않을까요?

몇 가지 책놀이를 소개하겠습니다. 책에 따라 어떤 놀이를 정할지 아이디어를 아이와 함께 구상해 보세요.

책놀이 마인드맵

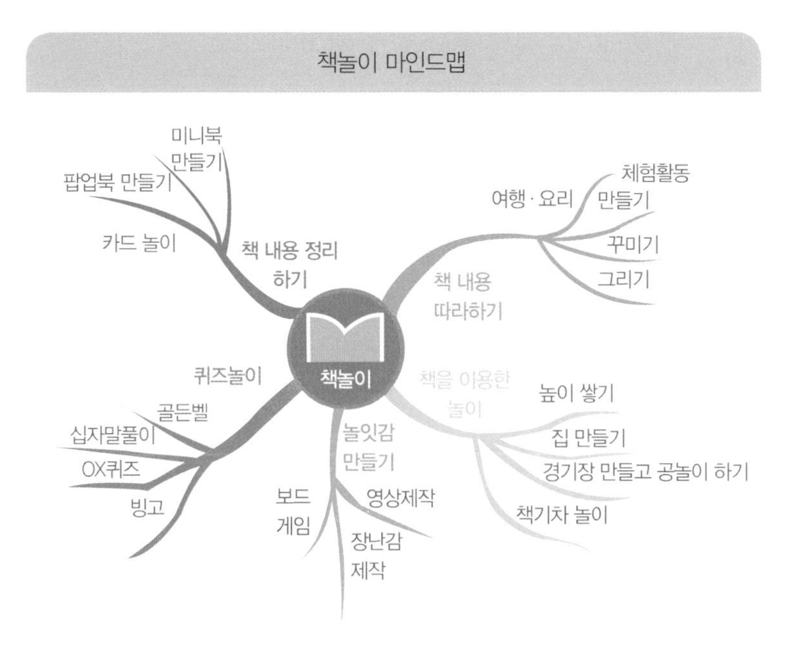

☑ 내가 만드는 퀴즈로 깊이 읽기

책 내용으로 퀴즈를 만들어 놀아 보세요. 책 내용에 등장인물이나 배경, 이야기를 이끄는 소품이 다양할 때는 십자말풀이가 좋습니다. 예를 들어 《호랑이 뱃속 구경》(서정오, 보리)이라는 옛이야기에 보면 호랑이, 소금장수, 주막, 고개, 대장장이, 숯장수, 토끼, 노루, 지게 등의 낱말이 나옵니다. 여기서 겹치는 낱말들을 모아 연결해 봅니다. 그런 다음 정답을 지우고 그 자리에 번호를 매긴 다음 문제를 냅니다. 가로열쇠 ①의 대장장이에 관한 문제처럼 아이가 만들어 보게 합니다. 사전을 찾아봐도 되겠지요. 문제가 다 만들어지면 가족이나 친구에게 풀어 보게 합니다. 십자말풀이처럼 쓰는 행위가 많은 놀이를 할 때는 굳이 글쓰기를 하지 않는 것이 좋겠지요. 퀴즈를 만드는 과정 자체에 글쓰기가 녹아 있으니까요.

					호
			숯		랑
		대	장	장	이
소	금	장	수		

					②
			①		
		①			
②					

<가로열쇠>
① 철, 구리 주석 등 금속을 달구고 두드려 연장과 기구를 만드는 기술자

<세로열쇠>
① 숯을 파는 사람

○, × 퀴즈와 골든벨 문제를 낼 때는 과학책과 같은 지식 정보책을 활용해 보세요. 아이에게 읽은 책을 가지고 가족에게 문제를 내게 하는 거예요. 평소 잘 읽지 않는 지식 정보책에 흥미를 갖게 할 뿐만 아니라 책을 정성껏 읽게 하는 효과도 있습니다. 문제를 내는 과정에서 상식이 풍부해지기 때문에 공부머리를 키우면서 학습 자존감도 높일 수 있겠지요.

다음은 3, 4학년의 온책읽기 책으로 많이 선택하는《프린들 주세요》(앤드루 클레먼츠, 사계절)로 만든 골든벨 문제예요. 골든벨 문제는 파워포인트를 사용하면 좋겠지만 집에 프로그램이 없을 때는 무료 디자인 툴인 미리캔버스에서 무료 PPT 템플릿을 이용하면 쉽게 제작할 수 있습니다. 사용법은 인터넷이나 유튜브에서 '미리캔버스 사용법'을 검색하면 금방 기능을 익힐 수 있습니다. 아이가 만든 골든벨 문제를 학교 선생님께 보여 드리면 학급에서도 사용할 수 있을 거예요. 책과 정보통신기술을 연계한 방법은 특히 평소 책을 멀리하는 학생들을 책으로 이끄는 아주 기발한 방법입니다.

게임에 빠진 아이들에게 컴퓨터나 휴대폰으로 자신의 콘텐츠를

생산하도록 안내하고 이끌어 주는 것, 부모가 할 수 있는 큰 역할 아닐까요? 그런 프로그램을 잘 몰라서 가르치기 어렵다고요? 요즘 아이들은 "미리캔버스라는 툴로 골든벨 문제 한 번 만들어 볼래?" 라고 운만 띄어 주어도 뚝딱 만들어 낼 거예요. 독서, 글쓰기, 미디어 활용 능력 등 한 방에 다양한 능력을 키울 수 있으니 꼭 도전해 보길 바랍니다.

《프린들 주세요》 골든벨 문제

1. 이 책의 주인공 닉의 5학년 국어 선생님 이름은 무엇인가요?
2. 닉의 국어 선생님이 사랑하고 숭배할 정도로 좋아하는 것은 무엇인가요?
3. 닉의 집에는 규칙이 있는데요. 학교에서 돌아오자마자 해야 하는 것은 무엇인가요?
4. 프린들은 어떤 물건의 이름이 되었나요?
5. 5학년 단체 사진을 찍을 때 사진사가 "치이즈" 하자 아이들은 무엇이라고 함께 외쳤나요?
6. (○×문제) 교장선생님이 닉의 집에 방문했을 때 닉의 어머니는 닉을 꾸중하였다.
7. (○×문제) 닉은 안경을 낀 노랑머리 소년이다.

8. 〈웨스트필드 가제트〉신문사의 기자 주디에게 5학년 단체 사진을 보낸 사람은 누구인가요?
9. 프린들 사건 이후 닉의 마을 안내판의 이름은 무엇이 되었나요?
10. 닉은 10년 뒤 선생님으로부터 최신 사전과 함께 선물을 받게 됩니다. 어떤 선물을 받았나요? 닉은 또 선생님께 어떤 선물을 드렸나요?

- 정답 -

1. 그레인저 선생님
2. 사전
3. 숙제
4. 펜
5. 프린들
6. ×
7. ×
8. 닉
9. 프린들의 고향
10. 만년필

☑ 나만의 작은 책 만들기

《아홉 살 마음사전》(박성우, 창비)은 다양한 감정 표현과 그에 맞는 상황이 잘 묘사되어 있어 아이도 어른도 참 좋아하는 책이에요. 실제 아홉 살 아이들과 이 책을 함께 읽으며 한 줄 독서일기도 써 보고 책놀이도 해 보았는데 감정을 표현하는 데 큰 도움이 된다는 것을 알 수 있었습니다.

《아홉 살 마음사전》을 다 읽고 나서 8쪽짜리 책으로 나만의 마음사전을 만들어 보았어요.

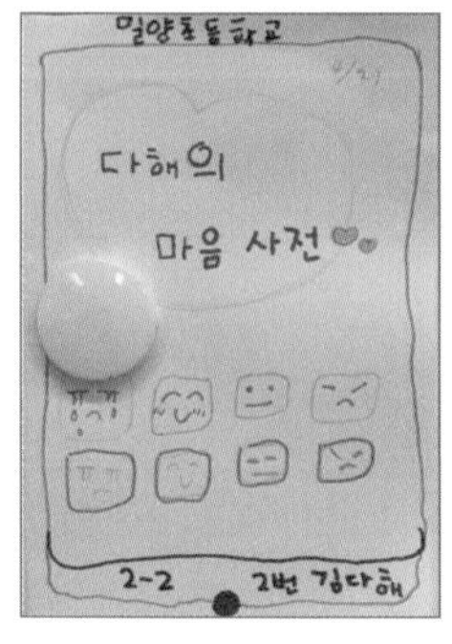

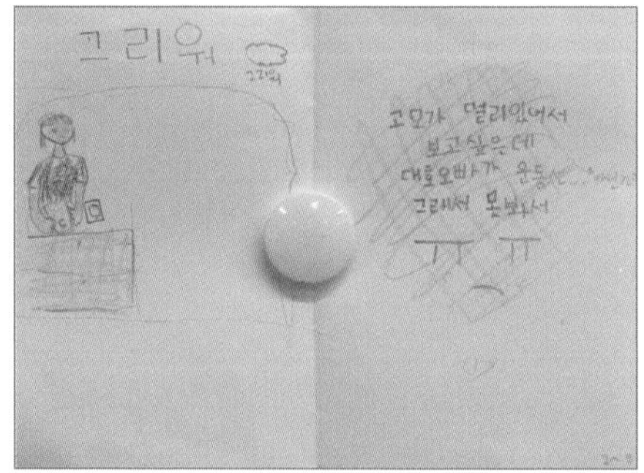

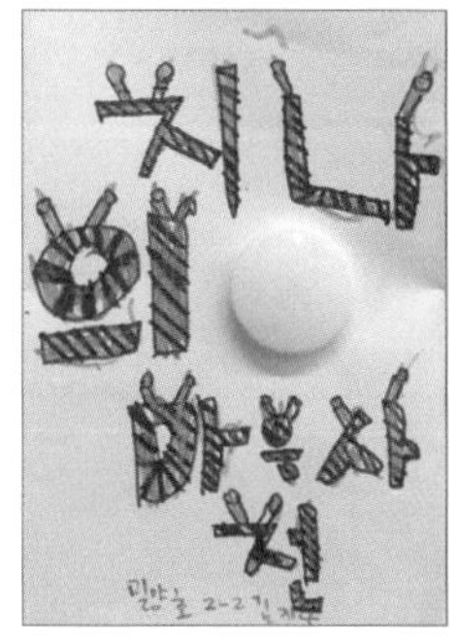

책에 나오는 감정 중 하나를 고르고 자신은 언제 그런 감정이 들었는지 글과 그림으로 나타내는 활동입니다. 감정을 표현하는 공부가 초등학교 전 학년에 걸쳐서 중요하게 다뤄지는 이유는 자신의 감정을 먼저 알아차릴 수 있어야 상대방의 감정을 헤아릴 수 있기 때문이에요. 다른 사람의 입장을 이해하고 공감하고 소통하는 것! 바로 사람됨의 출발점이지요. 아이가 만든 감정 사전을 보며 아이의 감정과 욕구를 이해하게 되고 그런 부모의 지혜와 사랑을 받고 우리 아이들은 마음이 단단한 아이로 자라나겠지요!

☑ 비슷한 책 만들기

《손바닥 동물원》(한태희, 예림당)은 보자마자 '나도 해 보고 싶다!'는 욕구가 샘솟는 책입니다. 이 책을 아이들과 함께 보고 따라 해 보았어요. 다 읽고 나서 어떤 동물을 나타내고 싶은지 생각해 본 후 원하는 색으로 손바닥을 색칠한 뒤 마르기 전에 얼른 도화지에 손바닥을 찍어요. 그런 다음 색칠 도구를 이용해서 동물을 완성합니다.

활동이 끝나고 바로 그림일기를 써 보았습니다.

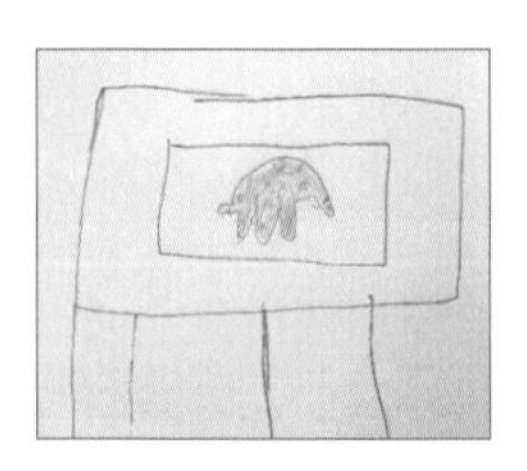

오늘은 손바닥 동물원이라는 책을 읽고 물감을 손에 묻혀서 강아지를 그렸다. 선생님께서 손바닥에 물감을 묻혀주실 때 찐득찐득한 느낌이 들었다. 그래도 재미있었다. 다음에 또 하고 싶었다. 참 재미있었다.

손바닥 동물원을 읽었다. 그러고 나서 손바닥 동물원에 나오는 동물을 그리러 선생님에게 갔다. 근데 손에 물감을 선생님이 묻혀주셨다. 그리고 종이에다 손에 묻혀진 물감을 찍었다. 그걸로 공룡을 그렸다. 재미있었다. 손에 물감이 찐득했다.

오늘 손바닥 동물원 책을 읽고 손바닥 동물원 책에 나오는 동물을 손바닥으로 그려보았다. 물감을 손에 묻힐 때 간지러웠지만 그래도 참 재미있었다.

아이들이 그린 손바닥 동물로 게시판도 꾸며 보았어요. 사자, 독수리, 원숭이, 새, 호랑이, 닭, 토끼, 공작새 등 다양한 손바닥 동물들이 탄생했습니다.

이와 비슷한 책으로《난 우리 집이 정말 좋아!》(사라 마시니, 사파리)는 분홍색 지문으로 그려낸 그림책으로 색깔과 숫자를 자연스럽게 익힐 수 있는 책이에요. 아이들 손가락에 색색의 물감을 붓으로 묻혀 찍은 다음 여러 가지 동물이나 가족, 친구들을 꾸밀 수 있

《손바닥 동물원》을 읽고 꾸민 게시판

어요.《리본》(아드리앵 파틀랑주, 보림)과《리본》(홍미령, 쉼어린이)에서는 리본 하나로 나만의 리본책을 만들 수도 있습니다.《겁쟁이 빌리》(앤서니 브라운, 비룡소)를 읽고 나만의 걱정인형을 다양한 방법으로 만들어도 좋겠지요.《줄줄이 꿴 호랑이》(권문희, 사계절)에 등장하는 호랑이들을 아이클레이로 만들어 줄로 엮으면 어떨까요? 우리 반 아이들과는 종이에 호랑이를 그려서 종이끈으로 연결해 보았어요.《화요일의 두꺼비》(러셀 에릭슨, 사계절)를 함께 읽고 딱정벌레 과자(다양한 과자로 딱정벌레 모양을 만든 것)를 만들거나 주인공 두꺼비를 지점토나 아이클레이로 만들기, 스키 만들기 등을 선택해서 해보았는데 아이들이 너무 즐겁게 독후 활동을 해서 보는 내내 행복했습니다.

집에서 책놀이를 한다면 "이 책으로 어떤 놀이를 해 볼까?" 하고 아이와 함께 고민하는 시간을 가져 보세요. 아이는 생각도 못한 책 놀이 아이디어를 떠올릴 테니까요.

☑ 책 가지고 놀기

자녀의 독서에 관심이 많은 집에는 책장에 책이 가득 꽂혀 있을 거예요. 정말 좋다고 생각해서 산 책을 아이가 그때그때 읽고 좋아해 주면 가장 좋겠지만 아이는 아예 거들떠보지도 않거나 좋아하는 책 한 권만 고집스레 읽기도 하지요. 억지로 읽히자니 마음에 걸리고 책장에서 먼지만 쌓이는 책을 볼 때마다 본전 생각이 날 수밖에 없어요. 이럴 때는 책 자체를 가지고 놀이를 해 보세요. 제한시간 동안 누가 책을 제일 길게 연결하는지 알아보는 기차놀이, 높이 쌓는 책 탑놀이, 비밀장소 만들기, 책으로 경기장 만들어서 작은 공 튕기며 놀기 등 아이와 어떤 놀이를 하면 좋을지 연구해서 놀아 보는 거예요. 놀면서 "어! 이 책 재미있겠다!" "이런 책도 있었나?" 하며 책에 관심을 갖도록 해 주면 좋아요. 다 놀고 나서도 한동안 책을 치우지 말고 심심할 때마다 놀고, 쉴 때 손에 잡히는 책 한 권 함께 읽으면 다른 책에도 관심을 가질 거예요.

☑ 놀잇감 만들기

책 내용 따라하기와 비슷하지만 다른 활동입니다. 학교에서 한 단원을 다 배우고 나서 단원 정리를 할 때 아이들에게 중요한 내용들로 보드게임을 만들어 보라고 할 때가 있어요. 그러면 배운 것을 더 확실하게 복습할 뿐만 아니라 오래 기억하는 일석이조의 효과를 볼 수 있지요. 아이들이 읽은 책으로 보드 게임을 만들고 가족과 친구와 놀아 보는 시간을 가져 보세요. 책을 더 깊이, 그리고 자발적으로 읽는 효과를 가져옵니다.

만들기를 좋아하는 아이는 책에 나오는 물건을 직접 만들어 보는 것을 좋아하는데요. 만들기를 좋아하는 아이가 《정약용》을 읽으면 나무젓가락으로 거중기를 만들어 친구들에게 자랑하기도 합니다. 역사 공부를 잘 하는 방법 가운데 하나는 바로 역사놀이를 해 보는 거예요. 역사 속에 등장하는 다양한 유물들을 직접 만들어 보는 활동은 역사를 더 즐겁게 익힐 수 있도록 돕는 아주 지혜로운 방법이에요. 역사와 관련된 위인전, 전쟁사, 문화재와 관련된 책을 읽을 때 아이의 취미를 살려 다양한 놀잇감을 만들고 놀 수 있도록 안내해 주세요. 단 한 권의 책이라도 평생 못 잊을 경험을 하게 될 거예요.

☑ 책을 읽고 등장인물에게 편지 쓰기

책 읽은 뒤 등장인물에게 편지 쓰기는 아이들이 쉽고 부담 없이 할 수 있는 독후 활동입니다. 편지글이 말하듯이 쓰는 글쓰기이기

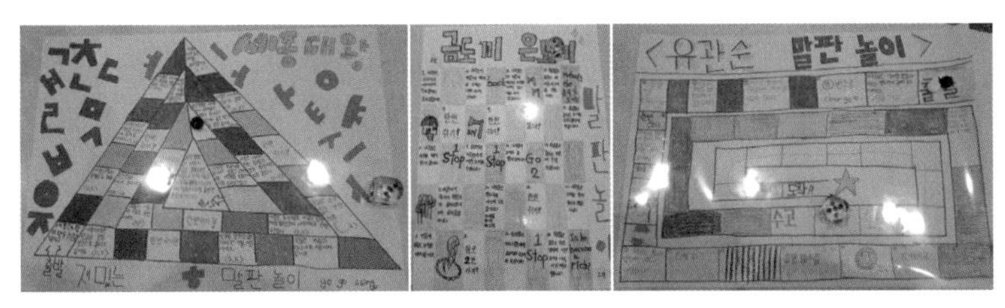

아이들이 독서 후 만든 보드게임

때문이지요. 편지의 형식을 통해 등장인물에게 무엇이든 물어볼 수 있고, 등장인물의 입장이 되어 감정이나 생각을 풀어 낼 수 있기 때문에 편지쓰기는 아이들도 좋아하는 형식의 글쓰기입니다. 아이가 한 권의 책을 맛나게 읽었을 때, 글쓰기 주제를 찾지 못했을 때는 등장인물에게 편지를 쓰게 하면 좋겠습니다.

국어시간에 배우는 편지글은 편지의 형식, 즉 첫 인사, 하고 싶은 말, 끝 인사, 쓴 날짜를 지도하지만 등장인물에게 편지 쓰기는 형식을 굳이 강조하지 않는 것이 좋습니다. 편지로 등장인물에게 할 말을 실컷 해서 속이 후련해지도록 하는 것이 제일 중요하니까요. 편지글을 쓰면 아이들이 질문을 많이 하는데요. 모든 공부의 출발점은 질문이며 모든 질문은 훌륭합니다. 어떤 질문은 부모가 같이 답을 찾아보는 것도 좋습니다.

아이들이 책을 읽고 주인공에게 어떤 편지를 썼는지 엿볼까요?

2021년 6월 1일 화요일

제목: 거짓말 손수건, 피포피포 / 지은이: 디디에 레비

클로비에게

클로비야, 거짓말을 하면 나쁜 사람이야.

왜냐면 작은 거짓말이 큰 거짓말을 만들고

결국 나쁜 일이 일어날 거야. 또 남을 속이는 일이라고 나쁜 것이야.

앞으로 거짓말을 하지 말고 착하게 살아.

2021 6월 24일 목요일

날씨: 비가 몰랑몰랑하는 날

장기려 선생님께!

안녕하세요?

저는 밀양초등학교 2학년 2반 박화영이에요!

제가 이 편지를 쓴 이유는 고마움을 표시하기 위해서예요!

장기려 선생님은 참 따뜻한 사람이에요! 자신의 생활에는 전혀 생각하지 않고 남한테 정말 많이 도와주니 참 따뜻한 사람이에요! 그리고 선생님은 의사가 없는 마을에 가서 도와주다니 정말 대단해요!!!

저도 결심했어요!

장기려 선생님 같은 의사요!

저도 가난하고 아픈 사람을 치료하는 의사가 되고 싶어요.

그럼 오래오래 건강하게 사세요!

장기려 선생님께.

화영 올림.

☑ 하루 한 줄 독서일기

독서와 글쓰기를 통합한 대표적인 활동이 바로 하루 한 줄 독서일기입니다. 하루 한 줄 독서일기는 책을 읽고 난 후 책 제목과 지은이를 적고 책에 대한 느낌이나 생각을 최소 한 줄로 적는 독후 활동입니다. 최소 한 줄만 쓰도록 하는 이유는 아이들에게 부담을 주지 않기 위해서입니다. "한 줄만 써도 된다!"라고 이야기하면 아이들은 부담을 느끼지 않고 시작할 수 있습니다.

독후 활동에 대한 전문가들의 견해는 다양합니다. 특히 독서감상문을 쓰는 것에 부정적인 의견이 많은데요. 저는 아이의 기질에 따라 접근해야 한다고 생각합니다. 책 한 권 읽기조차 싫어하는 아이에게 독서감상문은 큰 부담이 될 수 있고 책을 더 멀리하는 원인이 될 수 있습니다. 하지만 책을 좋아하고 글쓰기를 좋아하며 생각이 많은 아이는 독서감상문이 아이의 생각을 밖으로 흐르게 하는 통로가 될 수 있습니다.

'최소 한 줄'이라는 원칙은 책을 싫어하는 아이와 좋아하는 아이 모두를 만족시킬 수 있습니다. 책을 싫어하는 아이라도 자신의 눈높이에 맞는 쉬운 책으로 한 줄 독서일기를 쓰게 하면 책 읽기를 습관화할 수 있습니다. 매일 읽고 쓴 한 줄 독서일기는 아이에게 '책을 싫어하는 아이, 책을 잘 못 읽는 아이'라는 딱지를 스스로 떼어 내고 성취감을 느끼게 합니다. 그리고 적절한 보상과 칭찬으로 다독여 주면 아이의 독서력이 향상됩니다. 책을 좋아하는 아이, 그리고 독서감상문 쓰는 것에 부담을 느끼지 않는 아이는 최소 한 줄의 원칙을 스스로 뛰어넘어 하고 싶은 만큼 책에서 느낀 생각과 느낌을 풀어냅니다. 초등학교 때 하지 않으면 하기 힘든 활동이기 때문에 꼭 실천하길 권합니다.

그럼 보상은 어떻게 하면 좋을까요? 저는 반 아이들에게 스티커판을 주고 판에 스티커를 다 채울 때마다 문방구에서 선물을 사 주었는데요. 매일 쓰는 것이 의무가 아니었는데도 매일 독서일기를 쓰는 아이들도 있었습니다. 한 학기가 지나자 매일 쓴 아이들은 안 해도 된다고 해도 알아서 하더라고요. 그게 바로 습관의 힘입니다. 물론 보상에 대해서는 시작하기 전에 아이들과 충분한 대화를 나누었습니다.

"여러분이 책을 읽으면 여러분한테 좋은 것인데 왜 선생님이 선물을 줘야 할까요?" 그래도 아이들은 선생님이 주는 선물에 큰 힘을 얻어서 계속 하게 되지요. 고학년도 아직 아이들입니다. 노는 것이 제일 좋은 아이들이지요. 그래서 아이와 의논해서 목표와 적절한 보상을 정해 실천하는 것이 중요합니다.

한줄 독서일기도 아이의 기질에 따라 다양하게 해 보세요.

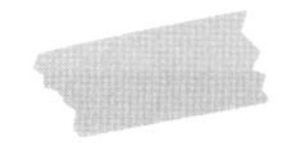

♣ 한 줄 독서일기 주제

❶ 등장인물에게 편지 쓰기

❷ 생각이나 느낌을 그림으로 표현하기

❸ 책 속에서 인상 깊은 문장 찾아 적기

❹ 책 제목이나 등장인물, 배경 등으로 다행시 짓기

❺ 작가나 등장인물에게 질문하기

❻ 뒷이야기 지어내기

❼ 줄거리 바꾸기

❽ 책 소개하기

❾ 시 쓰기

책 – 체험 – 글쓰기 삼박자 리듬!

우리가 독서를 강조하는 이유 가운데 하나는 바로 책이 삶을 변화시킬 수 있기 때문인데요. 책은 의식 수준을 높여 주어 정신적인 고통과 불안, 우울함을 극복하게 할 뿐만 아니라 더 나아지고 싶은 다양한 욕구와 동기를 불러일으키기도 하고 올바른 방향을 제시하여 성공하는 삶으로 우리를 이끌어 줍니다. 이렇게 책의 유용성을 나열하자면 끝이 없을 정도이지요. 심지어 어떤 이는 책이 있어 인생이 의미가 있다고 할 정도로 책을 예찬하기도 합니다.

책 읽기를 싫어하고 지겨워하며 집중하지 못하는 아이들에게 책을 읽으라고 강요하기보다는 책이 필요한 상황에서 책을 자연스럽게 활용하여 책의 유용함을 자연스럽게 알게 해 주는 것이 좋습니다.

저는 10년 전에 생애 처음이자 마지막 다이어트를 유태우 교수의《누구나 10kg 뺄 수 있다》(삼성출판사)라는 책으로 성공한 적이 있어요. 시력교정을 위한 책을 읽고는 평생 썼던 안경을 벗었고요. 20대에 직장을 가진 후 여행을 시작했을 때는 유홍준 교수의《나의 문화유산 답사기》(창비)를 읽으며 여행을 했어요. 결혼을 한 후에는 요리책을 보고 요리를 익혔고 아이를 가졌을 때는《임신 출산 육아 대백과》(삼성출판사)를 보며 출산을 준비했어요. 라마즈 호흡법 등을 책으로 연습해 진통에 대비할 수 있었지요. 요즘은 유튜브에서 검색어를 치면 다양한 영상을 통해 배울 수 있지만 영상보다는 책으로 배우는 것이 더 나을 때가 있어요. 예를 들어 코바늘뜨기의 기초는 영상을 통해서 배웠지만 인형이나 가방을 뜰 때는 책의 그림과 기호를 보고 뜨는 것이 낫더라고요. 책의 유용성을 경험하면 이렇게 책과 영상 중에서 나에게 맞는 것을 선택할 수 있어요.

지역 도서관이나 학교 도서관에 가면 독서-체험-글쓰기 세 박자 통합교육을 위한 책들을 금방 찾을 수 있어요.《동물원이 된 궁궐》(김영희 글, 백대승 그림, 상수리)《간송 미술관에는 어떤 보물이 있을까?》(김민규 글, 조원희 그림, 토토북)《냉장고 속 화학》(이경윤 글, 권나영 그림, 꿈결)《수원화성》(김준혁 글, 양은정, 이종호 그림, 주니어김영사)《언제 어디서나 자연미술놀이》(오치근, 박나리 글, 보리)《집 근처의 벌레들》(고바야시 토시키 글, 다카하시 키요시 그림, 한림출판사)과 같은 책들은 통합교육을 하기에 좋습니다. 아이와 도서관에 가서 함께 책을 찾아보는 탐색의 시간을 통해 책에 대한 관심과 흥미를 불러일으킨 다음 "무엇을 해 볼까?" 하고 물어보세요.

아이가 계획 단계부터 주도적으로 참여했기 때문에 더 알찬 체험활동을 할 수 있어요. 아이들이 직접 찾아오는 책들을 가만히 살펴보면 정말 다양한 분야에 관심이 있다는 걸 알 수 있어요.

체험 활동을 마친 다음에는 글똥누기로 정리의 시간을 가지면 세 박자 통합교육이 완성됩니다.

☑ 나는 책을 쓰는 어린이 작가입니다

아이들이 가진 무한한 상상력과 창의성을 담아내는 도구는 많이 있습니다. 만들기, 그리기, 꾸미기, 자유 놀이를 비롯한 다양한 놀이는 아이들의 잠재력을 키우고 성취감과 자존감을 갖게 합니다. 그래서 어릴 때부터 다양한 경험을 갖는 것이 중요하지요.

특히 어린이 책 쓰기는 아이들이 가진 이야기 본능을 일깨워 상상력을 맘껏 펼치게 할 뿐만 아니라 마음속 이야기를 토하게 함으로써 숨겨두었던 내면의 갈등을 건강하게 해소하게 합니다. 저학년이든 고학년이든 그림책을 쓸 수도 있고 이야기 중심의 동화를 쓸 수도 있습니다. 자신의 책을 쓰는 경험은 아이들에게 저작권이 있는 콘텐츠(저작물 또는 창작물)를 생산하는 능력을 키워 미래에 보다 주도적으로 살아갈 수 있는 힘을 갖게 할 것입니다.

무엇보다 아이들은 이야기 만들기를 좋아합니다. 무서운 이야기, 웃기는 이야기, 기발한 이야기, 슬픈 이야기, 황당한 이야기 등 무엇이든 이야기를 펼칠 수 있는 기회만 주면 아이들은 신나게 글을 쓸 거예요. 이 어린 이야기꾼들에게 이야기를 책으로 쓸 수 있는 기회를 주면 어떨까요? 그 책이 이야기책에 한정될 필요는 없습니다. 과학을 좋아하는 아이라면 과학에 대한 정보를 실으면 되고 발명을 좋아하는 아이라면 발명 아이디어를 한 장 한 장 담으면 됩니다. 패션에 관심이 많다고요? 아이가 그리는 수많은 그림을 모아 한 권의 책으로 만들어 두면 나중에 꼭 필요한 포트폴리오가 될 수도 있습니다. 자신의 책을 쓸 때 다른 책을 참고하면서 자연스럽게 독서 반경이 넓어지고 글쓰기도 향상될 수 있습니다.

그럼 어떤 책을 쓰는 것이 좋을까요? 무엇보다도 아이가 쓰고 싶은 책을 쓰는 것이 중요합니다. 상상이 풍부한 아이, 이야기가 무궁무진한 아이는 동화를 쓰게 하세요. 상상력이 풍부하면서도 그림 그리기를 즐기는 아이는 그림책을 쓰게 하는 것이 좋습니다. 공룡을 좋아하면 공룡책을, 요리를 좋아하면 요리책을 쓰게 해 보세요. 축구를 좋아하면 축구에 관한 다양한 내용을 실으면 됩니다. 시를 좋아한다고요? 시에 알맞은 그림을 그려 시화로 책을 엮으면 되

아이들이 직접 만든 그림책

지요. 아이들의 책쓰기에 대해 더 알고 싶다면 교실에서 아이들과 그림책을 쓰며 엮은 책《초등 그림책 쓰기 수업》(오정남 외, 테크빌교육)을 참고하면 좋겠습니다.

앞으로 우리 아이들이 살아갈 청년기 이후의 삶은 자신의 이야기를 펼쳐 내는 능력이 꼭 필요합니다. 그리고 자라면서 이런 질문들이 싹트고 자라야 합니다. '내가 잘하는 것을 어떻게 표현하여 다른 사람 앞에 펼쳐 낼 것인가? 나의 재능을 다른 사람들과 어떻게 소통할 것인가? 어떻게 해야 내가 만든 창작물이 세상을 이롭게 할 것인가? 나의 어떤 재능이 세상에 선한 영향력을 줄 수 있을 것인가? 이 세상을 수동적이고 소비적인 삶이 아니라 능동적이고 생산적인 삶을 살아가려면 어떻게 해야 할까?' 이런 물음에 대한 답은 어린 시절부터의 책 읽기와 글쓰기를 통해 길러질 수 있으며 초등 책쓰기는 아이들이 가진 무한한 잠재력을 깨워주는 도구입니다. 다음 페이지에서 마지막으로 소개하는 '마법의 마이크를 가진 늑대'는 앤서니 브라운의 그림책《마술연필》(앤서니 브라운, 웅진주니어)을 마중물 삼아서 썼어요.《마술연필》에 등장하는 곰 대신 늑대를, 마술연필 대신에 마이크로 바꿔서 이야기를 만들었습니다. 평소에 성격이 조용하고 소심해서 자기표현이 소극적이었던 아이가 이렇게 멋진 그림책을 완성했습니다. 아이가 가진 상상력, 창의성을 맘껏 펼칠 수 있는 그림책 쓰기로 아이의 숨겨진 재능을 발견하는 계기가 되기를 바랍니다.

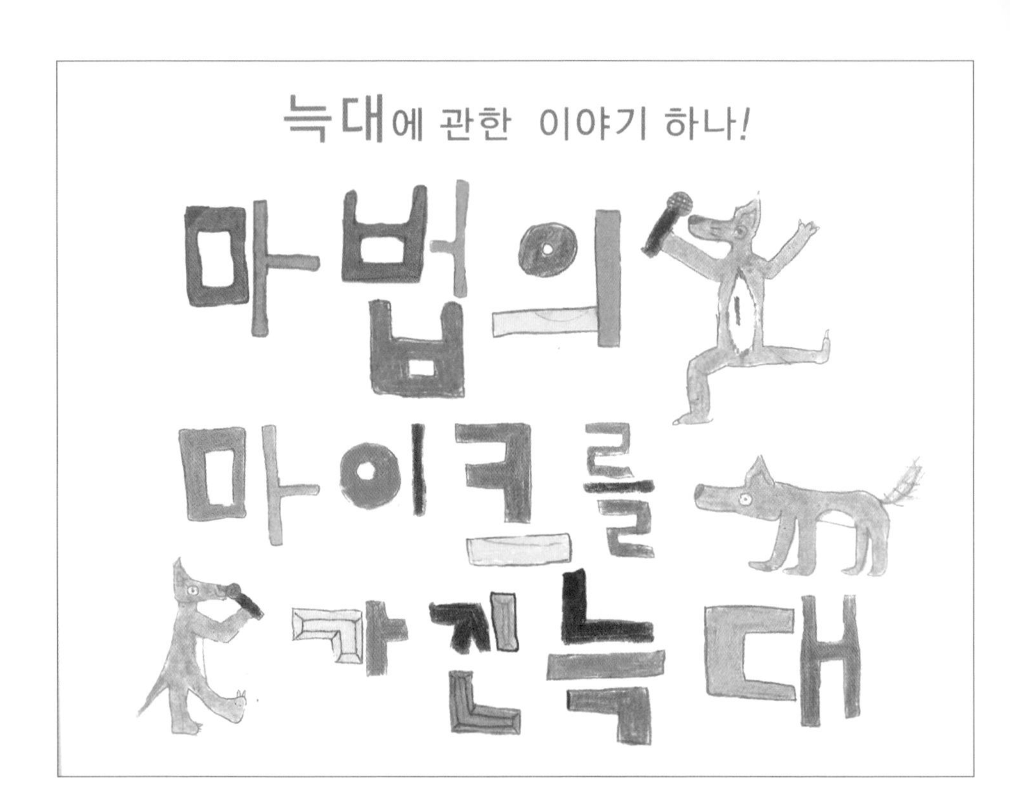

늑대에 관한 이야기 하나!
마법의 마이크를 가진 늑대

어느날 마법의 마이크를 가진 늑대가 숲으로 갔어요.

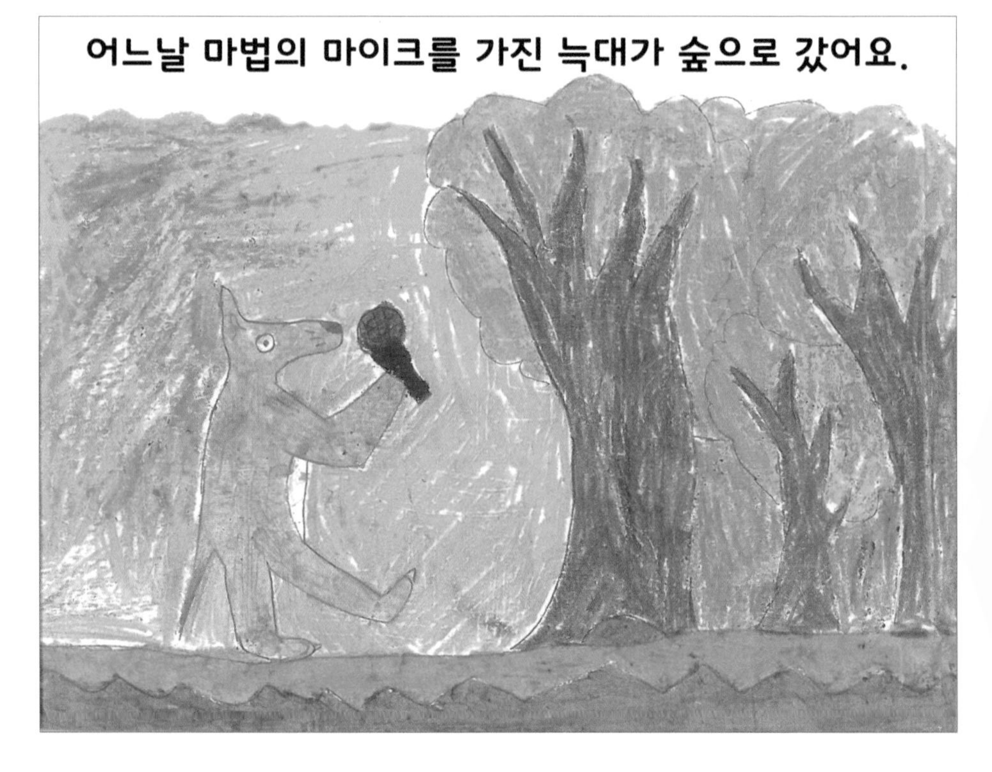

그런데 소리가 잘 들리지 않는 매미를 발견했어요.
그리고는 매미에게 마이크를 댔어요.

그러자 그 작은 소리가 아주 커졌어요.

늑대는 다시 걸어갔어요.
그러다가 여우에게 괴롭힘 당하는
어린 말을 발견했어요.
그래서 다시 마이크를 댔지요.

그러자 어린말의 비명 소리가 커지더니
그 소리를 듣고
어린 말의 가족이 와서
여우들을 혼내 주었어요.

늑대는 집에 갔어요. 그리고 잠을 자려고 했지요.
하지만 늑대는 음악을 들으면서 자는 습관이 있어요.
늑대는 음악을 들으려고 라디오를 켰지만
소리가 너무 작았어요.

ZZZ

늑대는 잠시 생각하더니
바로 라디오에 마이크를 대어
소리를 크게 했어요.

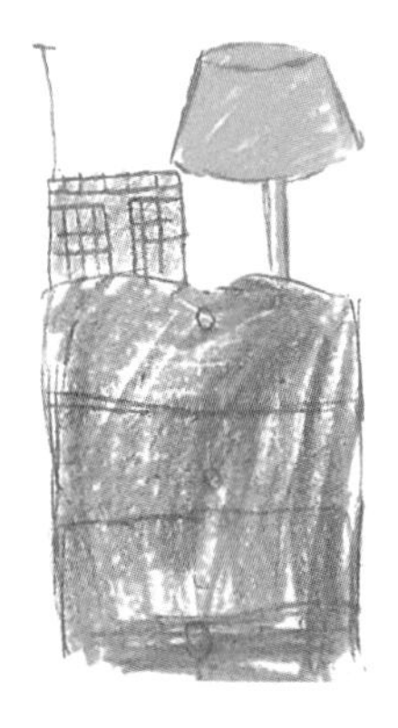

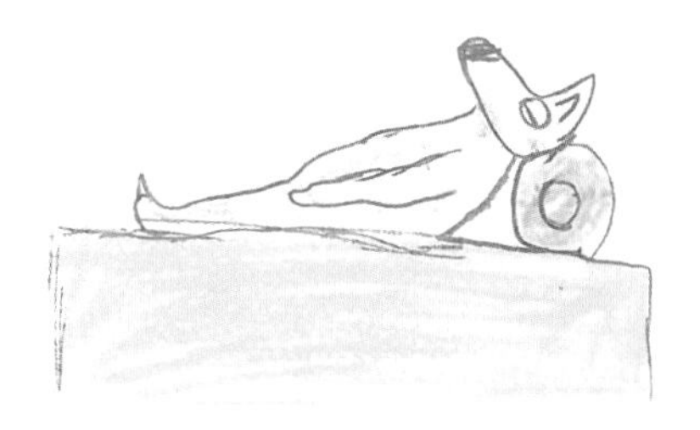

그래서 늑대는 꿀잠을 잘 수 있었습니다.

아이들이 가진 저마다의 빛이 세상에 펼쳐지길

우리 학교 옆에는 솔숲이 있습니다. 하늘이 파랗고 바람도 적당하고 햇빛이 간질거릴 때면 아이들을 데리고 솔숲에 나갑니다.

"솔방울이 어떻게 생겼나 자세히 살펴보세요!"
"소나무 껍질을 만져 보세요. 어떤 느낌이 드나요?"
"떨어진 꽃잎을 주워서 냄새 맡아 보세요. 후! 하고 불어 보세요."
"하늘을 올려다보세요! 뭐가 보이나요? 바람도 느껴지나요?"

아이들이 눈에 보이고 귀에 들리고 살갗에 느껴지는 것들에 집중해서 마음속에 드는 생각이나 느낌을 붙잡기를 바라는 선생님의 간절한 말이 떨어지기 무섭게 아이들은 자신들만의 세계로 뛰어 들어갑니다. 교실에서보다 더 선명하게 드러나는 아이들 하나하나의 모습들!

운동 감각이 있고 활동적인 아이들은 관찰에는 관심이 없습니다. 이리저리 뛰어다니며 한시도 가만히 있질 않지요. 더 빠르게 더 멀리 달리고 싶은 마음에 선생님과 거리는 점점 멀어지고 저는 아이들을 불러 세우느라 마음이 바빠집니다. "안 돼! 거기는 가지 마!"

호기심 많은 몇 명의 아이들은 개미와 공벌레, 거미에게 온 신경을 쏟습니다. 제일 처음 발견했다는 것이 큰 자랑인지라 "야! 여기 와봐! 여기 개미집이 있어!" "선생님, 거미집이 나무에 걸려 있어요! 엄청 커요!" 쉬지 않고 조잘댑니다. 저쪽에 또 알려주고 싶고, 느끼게 해 주고 싶은 게 있어서 가야 하는데 선생님을 따라오지 않는 아이들을 부를까 말까 망설이다 그냥 갑니다.

그러다 보면 주위에는 아이들이 반이나 사라지고 없습니다. 꽃잎을 손에 들고 따라오는 아이는 냄새를 맡아 보고 느낌을 들려줍니다. 선생님이 무엇을 원하는지 훤히 꿰뚫고 있는 아이지요. 간혹 선생님보다 어른 같은 아이도 있어요. '선생님은 참 힘드시겠다!' 하고 곁을 지키며 자신만이라도 열심히 배우는 모습을 보여주려 애쓰는 아이들이지요. 어떤 아이는 말없이 선생님을 따라 다니며 스펀지처럼 주변의 환경을 흡수합니다. 눈빛은 반짝이고 모든 감각은 열려 있지요.

이제 교실로 돌아와 아이들이 경험하고 느낀 것을 표현하게 해 봅니다. 어떤 아이는 다른 친구들 앞에서 발표하는 것을 자신 있어 하고 좋아합니다. 어떤 아이는 그림으로 나타내는 것을 즐기고 어떤 아이는 글쓰기에 집중합니다.

이렇게 아이들은 제각각 다양한 모습으로 태어났고 자라갑니다. 어떤 아이든 사랑스럽고 어떤 경험이든 소중합니다. 각자 가진 취향과 성격과 기질대로 건강하고 행복하게 자라가는 것! 다른 누구와도 비교 당하지 않고 존중 받으며 살아가는 것이 중요할 뿐입니다.

톨스토이는 〈사람은 무엇으로 사는가〉라는 단편소설에서 사람은 사랑으로 살아간다고 했습니다. 물론 우리는 아이들을 사랑합니다. 눈에 넣어도 아프지 않을 내 아이를 우리는 자기 자신보다 더 아끼고 사랑합니다. 하지만 일상은 만만하지 않습니다. 아이는 자랄수록 고집이 생기고 자기주장이 강해지면서 예상하지 못했던 행동으로 부모를 당황하게 합니다. 사소한 일로 동생과 싸우는가 하면 아무것도 아닌 일에 짜증을 부리며 집안을 어지럽히고 말을 잘 듣지 않지요. 공부를 시키려고 해도 이 핑계 저 핑계 대며 하지 않으려 하고 해야 할 공부를 제때 하지 않고 미루기 일쑤입니다. 학원에 가기 싫다며 매일 울상이어서 기분도 맞춰줘야 하고 책 한 번 읽히기가 버겁습니다.

사랑으로 키워야 하는데 우리는 이런 아이들에게 어쩔 수 없이 화를 내기도 하고 아이들 말을 무시하기도 하고 협박하기도 합니다. 아이에게 손이라도 댄 날이면 아이가 자는 모습을 보며 죄책감에 사로잡혀 밤잠을 설치기도 하지요. 이런 행동들도 사랑의 한 방법이라고 이야기하는 분들이 계십니다. 과연 그럴까요? 그렇지 않습니다. 아이가 잘못한 행동에 대해 윽박지르고 무시하고 협박하는 것은 절대 사랑의 다른 표현이 될 수 없습니다. 저는 기독교인은 아니지만 성경에서 전하는 사랑의 개념을 사랑의 정의라고 생각합니다.

> "사랑은 오래 참고 사랑은 온유하며 시기하지 않으며 사랑은 자랑하지 아니하며 교만하지 아니하며 무례히 행하지 아니하며 자기의 유익을 구하지 아니하며 성내지 아니하며 악한 것을 생각하지 아니하며 불의를 기뻐하지 아니하며 진리와 함께 기뻐하고 모든 것을 참으며 모든 것을 믿으며 모든 것을 바라며 모든 것을 견디느니라"
>
> _ 고린도전서 13장 4-7절

사랑의 정의대로 아이들을 키우려면 이 세상 부모들은 모두 도를 닦아야 할 것 같습니다. 부처님이 되고 예수님이 되어야 아이들을 제대로 키울 수 있을 것만 같습니다. 그래서 사랑은 '지혜'를 필요로 합니다. 지혜를 가지고 아이를 돌보다 보면 우리가 성경에서 말하는 사랑처럼 오래 참을 수 있으며 항상 온유하고 성내지 않을 수 있습니다. 참으로 다행히도 지혜로운 육아를 위한 방법들이 우리 주변에 널려 있습니다. 비폭력 대화, 감정코칭, 긍정훈육을 비롯해 아이의 자존감을 세우는 방법, 독서, 글쓰기, 공부머리를 위한 수많은 책들과 영상들이 육아를 위한 정보들을 전합니다.

그중에서도 저는 아이들의 각기 다른 개성과 능력, 취향, 기질, 습관 들이 뇌에 기반하고 있다고 생각합니다. 그래서 아이들 머릿속을 알면 알수록 우리는 버릴 것은 버리고 취할 것은 취하면서 더 경제적으로 아이를 키울 수 있을 거라고 믿습니다. 왜 책을 읽고 글쓰기를 해야 하는지, 어떻게 하면 책을 즐겨 읽고 글쓰기를 잘 할 수 있는지 아이들의 머릿속을 들여다보면 그 답을 찾을 수 있습니다. 뇌와 책, 글쓰기는 서로 상생합니다. 책을 읽고 글을 쓰면 뇌가 발달하고 뇌가 발달하면 책을 더 읽게 되고 글을 잘 쓰게 됩니다. 모든 부모가 아이들의 머릿속 비밀을 찾아내어 내 아이에게 맞는 맞춤 전략으로 행복하게 아이들을 키울 수 있기를 바랍니다.

부록

♣ 나만의 작가공책 ① (저학년용)

202 년 월 일 요일 날씨
제목 :
쓰고 싶은 내용을 그림으로 그려보기

작가공책 다운로드
https://blog.naver.com/ojnami/222753821178

♣ 나만의 작가공책 ② (저학년용)

202 년 월 일 요일 날씨	
제목 :	
나의 느낌이나 기분은? (그림으로 나타내거나 감정을 나타내는 단어 쓰기)	언제?
	어디서?
	누구와?
	무엇을?
	어떻게?
	왜?

♣ 나만의 작가공책 ③ (저학년용)

202 년 월 일 요일 날씨
제목:
쓰고 싶은 내용을 마인드맵으로 나타내기

♣ 나만의 작가공책 ④ (저학년용)

202　년　월　일　요일　날씨

제목:

♣ 나만의 작가공책 ⑤ (저학년용)

202 년 월 일 요일 날씨
제목:

♣ 나만의 작가공책 ⑥ (저학년용)

202　년　월　일　요일　날씨
제목:

♣ 나만의 작가공책 ⑦ (중학년용)

202 년 월 일 요일 날씨
제목:
쓰고 싶은 내용을 그림이나 마인드맵으로 나타내 보세요.

♣ 나만의 작가공책 ⑧ (고학년용)

202 년 월 일 요일 날씨
제목:

♣ 나만의 작가공책 (시 쓰기용)

202 년 월 일 요일 날씨	
제목:	
처음 쓰기	고쳐쓰기

♣ 나만의 작가공책 (시화용 – 고쳐 쓴 시를 깨끗하게 옮겨 적고 그림으로 시의 분위기를 살려 보아요.)

♣ 나만의 작가공책 (독후 활동 저학년용 – 등장인물 소개하기)

등장인물에게 편지쓰기, 등장인물을 친구에게 소개하기, '내가 등장인물이라면'과 같은 활동을 할 수 있어요.

202 년 월 일 요일 날씨

책 제목 :

이름:

사는 곳:

나이:

특징:

♣ 나만의 작가공책 (독후 활동 중학년용 – 등장인물 소개하기)

등장인물에게 편지쓰기, 등장인물을 친구에게 소개하기, '내가 등장인물이라면'과 같은 활동을 할 수 있어요.

<table>
<tr><td colspan="2">202 년 월 일 요일 날씨</td></tr>
<tr><td colspan="2">책 제목 :</td></tr>
<tr><td rowspan="4"></td><td>이름:</td></tr>
<tr><td>사는 곳:</td></tr>
<tr><td>나이:</td></tr>
<tr><td>특징:</td></tr>
<tr><td colspan="2"></td></tr>
<tr><td colspan="2"></td></tr>
<tr><td colspan="2"></td></tr>
<tr><td colspan="2"></td></tr>
<tr><td colspan="2"></td></tr>
<tr><td colspan="2"></td></tr>
<tr><td colspan="2"></td></tr>
<tr><td colspan="2"></td></tr>
<tr><td colspan="2"></td></tr>
<tr><td colspan="2"></td></tr>
<tr><td colspan="2"></td></tr>
</table>

수록 도서

• 52쪽

다양한 형태의 그림책

《꼬리꼬리 꼬꼬리》 키소 히데오 글·그림 | 김지연 역 | 책과콩나무 | 2017
《시간 상자》 데이비드 위즈너 글·그림 | 시공주니어 | 2018
《절대로 누르면 안 돼!》 빌 코터 글·그림 | 이정훈 역 | 북뱅크 | 2018
《장날》 이윤진 글 | 이서지 그림 | 한솔수북 | 2019
《구덩이에서 어떻게 나가지?》 기무라 유이치 글 | 다카바타케 준 그림 | 김숙 역 | 북뱅크 | 2011

• 53쪽

저학년 주제별 추천 도서

《병관이와 지원이 시리즈》 고대영 글 | 김영진 그림 | 길벗어린이 | 2006~
《다섯 번 종이접기 시리즈》 만들기 아저씨 기획 | 이승석 외 그림 | 스마트베어 | 2016~
《숨은 어떻게 쉴까요?》 프랑수와즈 로랑 글 | 세바스티앙 슈브레 그림 | 박정연 역 | 노란돼지 | 2019
《Who special 손흥민》 강진희 글 | 김광일 그림 | 다산어린이 | 2018
《요리조리 뜯어보는 신기한 명화집》 루시 믹클레스웨이트 | 이명옥 역 | 토토북 | 2011
《설탕 따라 역사 여행》 김곰 글 | 김소영 그림 | 너머학교 | 2014
《진짜 대장 이순신》 안선모 글 | 혜경 그림 | 다락원 | 2017
《심청전》 유은실 글 | 홍선주 그림 | 비룡소 | 2010
《나의 첫 추리퀴즈》 상드라 르브룅 글 | 소피 쇼사드 그림 | 김영신 역 | 빨간콩 | 2021년
《읽자마자 속담왕》 김혜영 글 | 김윤정 그림 | 길벗스쿨 | 2020

• 56쪽

3, 4학년 분야별 추천도서

《꽁꽁꽁 좀비》 윤정주 글·그림 | 책읽는곰 | 2021
《보이거나 안 보이거나》 요시타케 신스케 글·그림 | 고향옥 역 | 토토북 | 2019
《페이퍼 블레이드》 이원표 글 | 슬로래빗 | 2018
《짜장 짬뽕 탕수육》 김영주 글 | 고경숙 그림 | 재미마주 | 1999
《어몽어스》 마크 파워스 글 | 예림당 | 2021
《생각하는 추구 교과서》 한국방정환재단 기획 | 스포츠문화연구소 글 | 휴먼어린이 | 2016
《장영실, 하늘이 낸 수수께끼를 푼 소년》 박혜숙 글 | 이지연 그림 | 머스트비 | 2014
《요리조리 뜯어보는 기계의 구조와 원리》 스티브 마틴 글 | 발푸리 커툴라 그림 | 한성희 역 | 풀과바람 | 2021
《고양이 해결사 깜냥》 홍민정 글 | 김재희 그림 | 창비 | 2020
《이유가 있어서 멸종했습니다》 마루야마 다카시 글 | 사토 마사노리, 우에타케 요코 그림 | 곽범신 역 | 위즈덤하우스 | 2019

• 58쪽

고학년 분야별 추천도서

《복제인간 윤봉구》 임은하 글 | 정용환 그림 | 비룡소 | 2017
《똥오줌 연구소》 리처드 플랫 글 | 존 켈리 그림 | 신인수 역 | 사파리 | 2021
《움직이는 장난감 만들기》 학연사 편 | 김정화 역 | 길벗스쿨 | 2018
《의외로 경기보다 재미있는 축구 도감》 문디알 글 | 다미엔 웨이힐 그림 | 위문숙 역 | 주니어김영사 | 2021
《이어위그와 마녀》 다이애나 윈 존스 글 | 사타케 미호 그림 | 윤영 역 | 가람어린이 | 2014
《세계 음식 여행》 박찬일 글 | 애슝 그림 | 토토북 | 2021
《너의 운명은》 한윤섭 글 | 백대승 그림 | 푸른숲주니어 | 2020

《우리 땅 기차 여행》 조지욱 글 | 한태희 그림 | 책읽는곰 | 2013
《열두 살에 부자가 된 키라》 보도 섀퍼 글 | 원유미 그림 | 을파소 | 2014
《실패도감》 오노 마사토 글 | 고향옥 역 | 길벗스쿨 | 2020

• 63–65쪽

학년별 추천도서와 추천활동

《배추흰나비 알 100개는 어디로 갔을까?》 권혁도 글·그림 | 길벗어린이 | 2015
《북극곰에게 냉장고를 보내야겠어》 김현태 글 | 이범 그림 | 휴먼어린이 | 2011
《내 친구가 사는 곳이 궁금해》 김향금 글 | 서현 그림 | 열린어린이 | 2013
《아홉 살 마음 사전》 박성우 글 | 김효은 그림 | 창비 | 2017
《내 이름은 삐삐 롱스타킹》 아스트리드 린드그렌 글 | 햇살과나무꾼 역 | 시공주니어 | 2017
《한밤중 달빛 식당》 이분희 글 | 윤태규 그림 | 비룡소 | 2018
《과수원을 점령하라》 황선미 글 | 김환영 그림 | 사계절 | 2003
《1분 과학》 이재범 글 | 최준석 그림 | 위즈덤하우스 | 2020
《노잣돈 갚기 프로젝트》 김진희 글 | 손지희 그림 | 문학동네 | 2015
《15소년 표류기》 쥘 베른 글 | 소민호 편저 | 김영미 그림 | 파랑새어린이 | 2014
《불량한 자전거 여행》 김남중 글 | 허태준 그림 | 창비 | 2009
《나의 라임 오렌지나무》 J.M. 바스콘셀로스 저 | 최수연 그림 | 박동원 역 | 동녘 | 2014

• 66쪽

놀면서 읽을 수 있는 책

《읽으면서 바로 써먹는 어린이 사자성어》 한날 글·그림 | 파란정원 | 2021
《삼행시의 달인》 박성우 글 | 홍그림 그림 | 창비 | 2020
《속담이 백 개라도 꿰어야 국어왕》 강효미 글 | 상상의집 | 2012
《퀴즈백과 80 수수께끼퀴즈》 편집부 글 | 은하수 | 2019

• 67쪽

추천 동시집

《딱, 2초만》 윤형주 글 | 한수희 그림 | 청개구리 | 2020
《윤석중 동시선집》 윤석중 글 | 이준관 편 | 지식을만드는지식 | 2015
《내가 만만해?》 이지호 편 | 어린이시나라 | 2020
《그럼 전 언제 놀아요》 최종득 편 | 어린이시나라 | 2020

• 70쪽

다양한 분야의 놀이 도서

《초등 한국사 놀이북》 오정남 글 | 글담 | 2021
《수학 천재로 만들어 주는 흥미진진한 수학 놀이》 마이크 골드스미스 글 | 해리엇 러셀 그림 | 이범규 역 | 사파리 | 2021
《아티스트맘의 참 쉬운 미술 놀이》 안지영 글 | 길벗 | 2016
《세상에서 제일 쉬운 엄마표 영어 놀이》 홍현주, 고은영 글 | 동양북스 | 2019

• 81쪽

책 읽기를 시작하는 부모님을 위한 책

《초정리 편지》 배유안 글 | 홍선주 그림 | 창비 | 2013
《긴긴밤》 루리 글·그림 | 문학동네 | 2021
《내 영혼이 따뜻했던 날들》 포리스트 카터 글 | 조경숙 역 | 아름드리미디어 | 2014
《내 심장을 쏴라》 정유정 글 | 은행나무 | 2009
《프레드릭》 레오 리오니 글 | 최순희 역 | 시공주니어 | 1999

• 226쪽

비슷한 책 만들기

《손바닥 동물원》 한태희 글·그림 | 예림당 | 2002